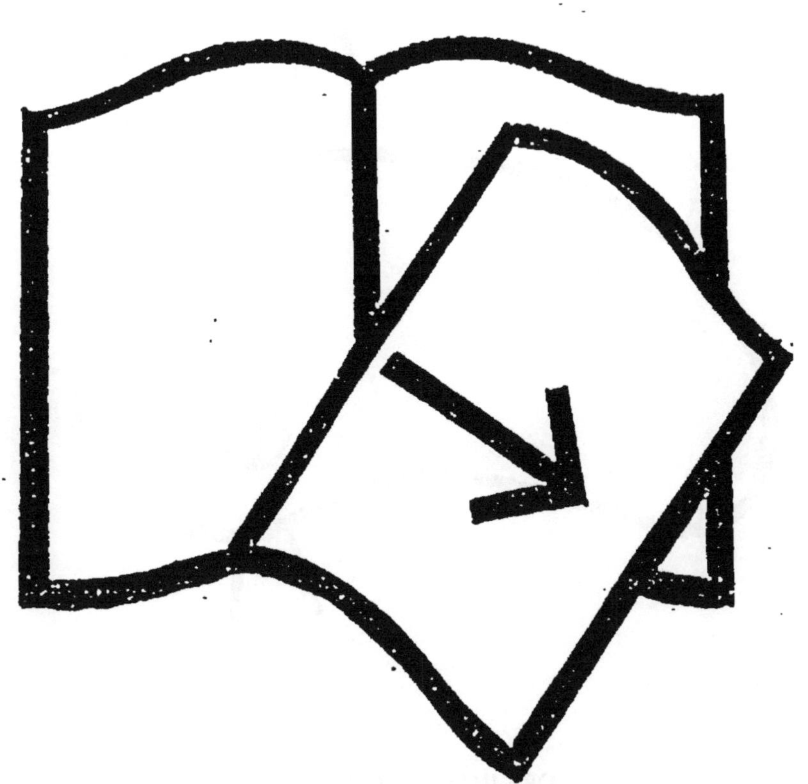

Couverture inférieure manquante

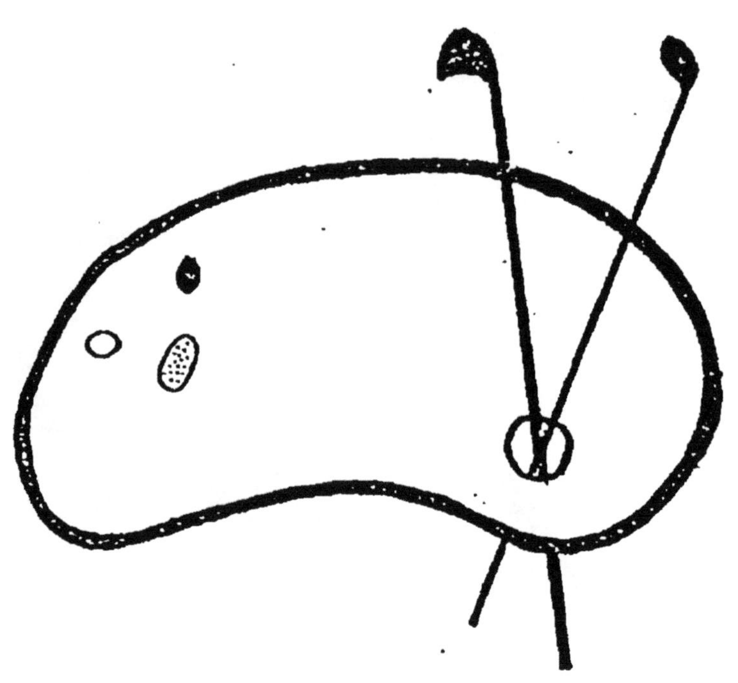

ORIGINAL EN COULEUR
NF Z 43-120-8

ÉLÉMENTS

DE

PHILOSOPHIE SCIENTIFIQUE

ET DE

PHILOSOPHIE MORALE

RÉDIGÉ CONFORMÉMENT AUX PROGRAMMES
DE MATHÉMATIQUES ÉLÉMENTAIRES ET DE PREMIÈRE (SCIENCES)
A L'USAGE DES CANDIDATS AU BACCALAURÉAT DE MATHÉMATIQUE
ET AU BACCALAURÉAT DE L'ENSEIGNEMENT SECONDAIRE MODERNE

PAR

RENÉ WORMS

Ancien élève de l'École normale supérieure
Agrégé de philosophie, licencié ès sciences, docteur en droit

{ ✳ }

PARIS

LIBRAIRIE HACHETTE ET Cie

79, BOULEVARD SAINT-GERMAIN, 79

ÉLÉMENTS

DE

PHILOSOPHIE SCIENTIFIQUE

ET DE

PHILOSOPHIE MORALE

DU MÊME AUTEUR

Précis de Philosophie, rédigé conformément au programme officiel
pour la classe de Philosophie, d'après les Leçons de philosophie
de M. E. Rabier. 1 vol. in-16, broché. . . . .   4 fr.

La Morale de Spinoza. Ouvrage couronné par l'Institut. (Académie
des Sciences Morales et Politiques). (*Pour paraître prochai-
nement*).

22917. — Imprimerie LAHURE, rue de Fleurus, 9, à Paris.

ÉLÉMENTS

DE

PHILOSOPHIE SCIENTIFIQUE

ET DE

PHILOSOPHIE MORALE

RÉDIGÉS CONFORMÉMENT AUX PROGRAMMES
DE MATHÉMATIQUES ÉLÉMENTAIRES ET DE PREMIÈRE (SCIENCES)
A L'USAGE DES CANDIDATS AU BACCALAURÉAT DE MATHÉMATIQUE
ET AU BACCALAURÉAT DE L'ENSEIGNEMENT SECONDAIRE MODERNE

PAR

RENÉ WORMS

Ancien élève de l'École normale supérieure
Agrégé de philosophie, licencié ès sciences, docteur en droit

PARIS

LIBRAIRIE HACHETTE ET Cie

79, BOULEVARD SAINT-GERMAIN, 79

—

1891

PRÉFACE

Le prés... ouvrage a été rédigé conformément aux programmes des classes de sciences — nous voulons dire des classes qui préparent directement à la partie scientifique du second examen des deux baccalauréats de l'enseignement secondaire classique et de l'enseignement secondaire moderne. C'est donc surtout aux candidats à ces examens qu'il est destiné. Ils trouveront à la fin de l'ouvrage, en guise de questionnaire, le programme officiel lui-même, détaillé par paragraphes, avec l'indication des pages du livre où chacune de ses questions se trouve traitée.

Mais nous pensons que ce travail sera également mis à profit par les élèves des classes de mathématiques spéciales, qui y trouveront le développement de la plupart des questions données en dissertation française aux concours de l'École Polytechnique et de l'École Normale Supérieure.

Enfin, peut-être pourra-t-il rendre quelques services même aux élèves des classes de philosophie, en leur présentant dans son ensemble un tableau de la philosophie des sciences, que leur programme suppose, sans le contenir expressément.

R. W.

ÉLÉMENTS

DE

PHILOSOPHIE SCIENTIFIQUE

ET DE PHILOSOPHIE MORALE

INTRODUCTION

LA PHILOSOPHIE SCIENTIFIQUE ET LA PHILOSOPHIE MORALE

La pensée humaine est dirigée tantôt vers la théorie et tantôt vers la pratique. Savoir et agir, tels sont les deux buts que nous nous proposons tour à tour, et les seuls que nous puissions nous proposer, car tous les autres buts qu'on pourrait assigner à nos efforts rentrent forcément dans l'un de ces deux-là. Mais le savoir et l'action, quoique distincts l'un de l'autre, ne sont cependant pas totalement isolés. Un lien nécessaire existe entre eux. L'action, en effet, n'est pas possible sans le savoir : car comment agir, c'est-à-dire comment se diriger dans la vie, si l'on n'a quelque connaissance du milieu dans lequel on va entrer? Et le savoir, réciproquement, n'est pas complet sans l'action : car à quoi bon la science, si elle ne doit pas servir à guider tous nos pas, à nous permettre de satisfaire nos besoins matériels, à ennoblir notre conduite morale? Le savoir forme donc la base sur laquelle repose l'action, et tous deux, unis indissolublement, constituent la vie intellectuelle de l'homme tout entière.

Notre savoir est multiple : car chaque objet peut être pour nous la matière d'une étude et d'une connaissance. En réunissant dans un même groupe les connaissances que nous avons des choses analogues, on forme une *science*. La science zoologique, par exemple, sera l'ensemble des connaissances que nous avons des animaux; la science botanique sera l'ensemble des connaissances que nous avons des végétaux; et il existe ainsi un très grand nombre de sciences. — De même nos actions sont multiples, et d'ordres très divers. Mais en groupant celles qui se rapportent à des objets analogues, nous arrivons à formuler une série de règles relatives à la façon de se conduire par rapport à ces objets : cette série de règles constitue ce qu'on nomme un *art*. La médecine, par exemple, est l'art qui a trait à la santé de l'individu ; le droit est l'art qui a trait au maintien de la justice parmi les hommes ; et l'on pourrait compter bien d'autres arts différents.

Mais maintenant, de même qu'entre les différents objets individuels il y avait des traits communs qui les rendaient propres à faire la matière d'une même science, de même, entre les différentes sciences particulières, il y a certains points communs qui doivent faire la matière d'une étude plus générale. Cette étude plus générale s'appelle la *philosophie*. Ainsi, faire la philosophie d'une science, c'est étudier les questions générales relatives à cette science ; et faire la philosophie des sciences, la *philosophie scientifique*, c'est étudier les questions générales communes à l'ensemble des sciences. — Pareillement, les différents arts ne sont pas sans lien les uns avec les autres. Certaines questions générales les dominent toutes, car il est des règles générales que l'homme doit suivre dans quelque voie qu'il se dirige. Ces règles doivent toujours guider la conduite, les mœurs de l'homme, et on les nomme, à cause de cela, des « règles morales », des « lois morales ».

Leur étude constitue la *philosophie morale,* qui est ainsi aux différents arts ce que la philosophie scientifique est aux sciences particulières (puisque la première domine toutes nos actions, et la seconde toutes nos connaissances). Et la philosophie — en prenant ce mot dans son acception la plus large — est elle-même l'ensemble de la philosophie scientifique et de la philosophie morale, c'est-à-dire l'étude des problèmes les plus généraux du savoir et de l'action.

Quels sont au juste ces problèmes? D'abord, en ce qui touche le savoir, il y en a trois principaux :

1° Toutes les sciences ont leur objet particulier, le savoir a son objet général. Définir exactement ces objets particuliers et cet objet général, est la tâche de la philosophie des sciences.

2° Toutes les sciences se font par certains procédés, par certaines méthodes, qui se retrouvent dans toutes, mais avec un rôle et une importance fort différente suivant les cas. Étudier ces méthodes, revient encore à la philosophie des sciences.

3° Chaque science enfin mène à des conclusions spéciales, et l'ensemble de ces conclusions forme les conclusions générales que la science nous donne sur l'univers. L'examen de ces conclusions est encore œuvre philosophique. Ainsi, l'étude de l'*objet*, de la *méthode* et des *conclusions* des sciences, voilà ce qui constitue la philosophie scientifique.

Quant à la philosophie morale, à la la philosophie de l'action, sa tâche peut être précisée plus brièvement encore. C'est elle qui est chargée de nous instruire des devoirs que nous avons envers les différents êtres qui composent l'univers : car l'ensemble de ces devoirs constitue la règle qui doit diriger toutes nos actions.

Telles étant les questions dont l'étude compose la philosophie scientifique et la philosophie morale, nous allons passer à l'examen détaillé de chacune d'elles. L'étude de la philosophie scientifique doit nécessairement précéder celle de la philosophie morale, puisque celle-ci s'appuie sur celle-là, comme l'action sur le savoir, comme la conduite humaine sur la connaissance de nous-même et de ce qui nous entoure.

PREMIÈRE PARTIE

PHILOSOPHIE SCIENTIFIQUE

CHAPITRE I

OBJET DES SCIENCES EN GÉNÉRAL

De quel objet s'occupent toutes les sciences? Pour le déterminer, prenons comme exemple une science bien connue de tous, la physique, et cherchons sur quel objet portent les recherches du physicien.

En premier lieu, le physicien recueille des faits. Pourquoi accumule-t-il les observations, les expériences? précisément pour se procurer les faits ou, comme on dit en langage philosophique, les phénomènes [1] qu'il lui est nécessaire de connaitre. Mais

---

1. Le nom de « phénomène », qui dans la langue courante désigne seulement les faits extraordinaires et anormaux, désigne, dans la langue des sciences et de la philosophie, un fait quelconque, même parfaitement régulier, parfaitement normal.

ces faits une fois connus, il ne les laisse pas se perdre au hasard : il les rapproche les uns des autres, suivant les affinités qu'ils présentent ; en un mot, il les classe. Et ce n'est pas tout. Quand le savant a recueilli et groupé des faits, il n'est pas entièrement satisfait pour cela. Pour comprendre les faits qu'il a recueillis, il faut qu'il les rapproche d'autres faits antécédents qui en ont été les causes : il faut qu'entre ces causes et leurs effets, il établisse un rapport certain, et par là même un rapport stable, constant, tel que le savant puisse être assuré, s'il voit un jour reparaître la cause, que l'effet va reparaître à sa suite. Or, de semblables rapports, permanents et immuables, entre une cause et son effet, s'appellent des lois. Il faudra donc que le savant cherche à établir les lois régissant les phénomènes qu'il a découverts. Il faudra même qu'il s'efforce d'en établir la formule aussi exacte, aussi précise qu'il lui sera possible [1]. Observer les phénomènes est donc la première tâche du savant ; déterminer les lois de leur apparition est sa tâche ultime.

En langue philosophique, les termes de « phénomène » et de « fait » sont absolument synonymes.

1. Les formules les plus précises sont les formules mathématiques. Aussi cherche-t-on dans toutes les sciences, et notamment dans les sciences physiques, à donner aux lois la forme d'une équation.

Toute science doit passer par ces deux moments, car on ne peut évidemment parvenir à la connaissance de la loi qu'après avoir examiné les faits avec la dernière attention. Seulement certaines sciences ayant (pour des raisons que nous exposerons plus loin) rencontré dans leur formation plus de facilités que d'autres, en sont arrivées plus vite à l'étude des lois. Et tandis que les plus arriérées en étaient encore réduites à récolter des faits, les plus parfaites, laissant loin derrière elles ces étapes depuis longtemps franchies, se confinaient dans l'examen approfondi des lois et de leurs formules. C'est ce que nous allons voir plus amplement en considérant successivement les divers objets auxquels s'attachent plus spécialement les différentes sciences particulières.

CHAPITRE II

Quelles sont donc les différentes sciences particulières?

Tout d'abord, on doit diviser les sciences en deux grands groupes : sciences concrètes, sciences abstraites. Les sciences concrètes sont celles qui étudient les êtres concrets, c'est-à-dire les êtres réels, avec la totalité de leurs caractères. Les sciences abstraites sont celles qui étudient seulement certaines propriétés de ces êtres, propriétés abstraites (c'est-à-dire séparées des autres) et considérées isolément. Ainsi la zoologie, qui étudie les animaux, êtres réels et concrets, est une science concrète ; la géométrie, qui étudie l'étendue, propriété abstraite des corps et considérée à part de toutes leurs autres propriétés, est une science abstraite.

Mais dans l'intérieur même des sciences abstraites, nous pouvons faire encore une division. Parmi ces

sciences, les unes, qui sont les sciences physiques,
considèrent dans les choses des propriétés déjà abstraites, sans doute, mais encore complexes : leur
pesanteur, leur chaleur, leur sonorité, leurs propriétés lumineuses, etc.... Les autres, au contraire,
poussant encore plus loin l'abstraction, n'étudient
plus que des propriétés tout à fait simples, des rapports de nombre ou de grandeur, des relations arith-
métiques ou géométriques : ce sont les sciences
mathématiques. L'objet de ces dernières est plus
simple que l'objet des sciences physiques, parce que
dans les propriétés physiques sont déjà impliqués
le nombre et la grandeur (propriétés mathématiques),
tandis que la réciproque n'est pas vraie : la pesanteur, par exemple, est chose nombrable, le nombre
inversement n'est pas chose pesante. Il est donc juste
de distinguer dans les sciences abstraites deux catégories de sciences, les unes plus simples, à savoir
les sciences mathématiques, les autres plus complexes, à savoir les sciences physiques.

Une division analogue peut encore être établie
parmi les sciences concrètes. Parmi celles-ci, en
effet, les unes étudient des êtres concrets, mais en
les isolant les uns des autres, en ne s'attachant qu'à
l'individu sans voir la collectivité : ce sont les
sciences naturelles. Et les autres, au contraire,

rapprochant les individus les uns des autres, étudient les collectivités, les sociétés formées par eux : ce sont les sciences sociales. L'objet de celles-ci est plus complexe que l'objet des sciences naturelles ; car la société implique l'individu, tandis que la réciproque n'est pas vraie. De sorte qu'on peut diviser les sciences concrètes en deux classes : sciences naturelles, plus simples; sciences sociales, plus complexes.

Si maintenant nous comparons entre elles les sciences abstraites et les sciences concrètes, nous voyons immédiatement que les premières sont plus simples et les secondes plus complexes, puisque ces dernières étudient les êtres réels avec la totalité de leurs attributs, tandis que les premières étudient seulement certains de ces attributs considérés isolément. Et de la sorte les quatre classes de sciences distinguées plus haut peuvent être rapprochées en une unique série où la complexité va en croissant : sciences mathématiques, sciences physiques, sciences naturelles, sciences sociales. Dans cette série, en effet, on passe graduellement des sciences qui étudient isolément une seule propriété des êtres (sciences mathématiques), à celles qui étudient un ensemble de propriétés (sciences physiques), puis à celles qui étudient l'être total, mais isolé des autres êtres (sciences naturelles), pour aboutir à celles qui étudient l'ensemble des êtres dans leurs rapports variés (sciences sociales). — Cet ordre de complexité des sciences est aussi l'ordre de leur difficulté ; car chaque science complexe enveloppant en elle la science plus simple qui la précède, elle rencontre dans sa formation d'abord toutes les difficultés de cette science plus simple, puis d'autres difficultés qui lui sont propres à elle-même : si bien que la science complexe ne pourra parvenir à sa perfection que lorsque la science simple aura d'abord atteint la sienne. — Et cet ordre est par là même celui dans lequel les différentes sciences ont progressé : les progrès des plus simples ont nécessairement précédé ceux des plus complexes, et nécessairement aussi les premières sont aujourd'hui plus près que les secondes de leur point d'achèvement.

Or, nous avons vu dans le précédent chapitre que toute science va des faits aux lois. Les sciences les plus avancées sont donc celles qui n'ont plus à s'occuper que des lois, tandis que les plus arriérées sont celles qui ne s'occupent encore que des faits. Nous pouvons dès maintenant prévoir que la première condition — ne s'occuper que des lois — est celle des sciences les plus simples, des sciences mathématiques par conséquent, puisque, étant les plus simples, elles ont dû avancer plus vite. Nous pouvons prévoir aussi que les sciences physiques sont moins avancées dans cette étude des lois, et que les sciences naturelles et sociales, étant les plus complexes de toutes, en sont encore presque réduites à l'étude des faits. Toutes idées qui se vérifieront par la suite.

Telle est donc la division des sciences, et leur classification générale[1]. Les distinctions que nous venons d'établir entre les quatre classes de sciences ne sont pas sans doute absolues, en ce sens qu'il n'y a pas entre ces classes de séparations radicales : toutes les transitions existent au contraire entre elles, et il est plusieurs sciences (nous le verrons bientôt) qui tiennent à la fois à deux classes. Mais cela est fort compréhensible. Car la complexité des sciences ne peut pas croître tout d'un coup : nécessairement, il doit y avoir tous les intermédiaires possibles entre la plus complexe et la plus simple. Il y a donc continuité dans la série des sciences. Malgré cela néan-

1. Le principe de cette classification a été posé pour la première fois par Auguste Comte, philosophe français qui vivait au milieu de ce siècle, et qui fonda l'école dite positiviste. La même classification a été adoptée, avec des variantes, par l'éminent philosophe anglais contemporain M. Herbert Spencer, chef de l'école dite évolutionniste.

moins, les distinctions générales que nous avons marquées entre les quatre classes reconnues plus haut sont assez nettes pour qu'on doive, après l'examen général que nous venons d'en faire, les étudier séparément.

CHAPITRE III

OBJET DES SCIENCES MATHÉMATIQUES

Dans l'étude des sciences particulières, nous devons commencer naturellement par les plus simples, les sciences mathématiques.

Les sciences mathématiques sont au nombre de cinq principales, à savoir :

1° l'algèbre ;

2° l'arithmétique ;

3° la géométrie (dont la trigonométrie n'est qu'une branche) ;

4° la mécanique ;

5° l'astronomie mathématique.

Ces deux dernières sciences forment la transition entre les sciences mathématiques et les sciences physiques. Sur les données théoriques qu'elles fournissent s'appuient deux arts principaux, l'art des constructions et l'art nautique.

Reprenons d'un peu plus près chacune de ces sciences, et voyons quel est l'objet propre de chacune d'elles.

L'algèbre est la plus abstraite de toutes ; car elle étudie les grandeurs sous leur forme la plus abstraite, sous la forme de lettres qui les représentent.

L'arithmétique étudie les grandeurs sous la forme déjà plus concrète de chiffres : l'algèbre construisait des formules tout abstraites, l'arithmétique en fait des applications numériques.

La géométrie, un peu plus proche encore du concret, étudie des grandeurs étendues. A la notion de nombre, seul objet de l'algèbre et de l'arithmétique, elle ajoute la notion d'espace.

Mais la géométrie, en étudiant des objets étendus, fait encore abstraction de leurs mouvements. En introduisant cette notion plus concrète du mouvement, on constitue la mécanique, science du mouvement des corps en général, et l'astronomie, science du mouvement des corps célestes en particulier. Et comme le mouvement d'un corps, en même temps qu'il se fait dans l'espace, exige aussi un certain temps pour se produire, c'est encore une autre notion qui est introduite par là même : la notion de durée.

Ainsi, l'objet sur lequel porte l'étude des sciences

mathématiques est tout entier compris dans ces quatre notions : nombre, espace, durée, mouvement.

Mais maintenant, qu'est-ce que ces notions elles-mêmes? Le nombre, c'est le rapport d'une chose à une autre chose, prise comme unité, c'est-à-dire comme terme de comparaison. L'espace, de même, c'est une continuité d'objets simultanés : en d'autres termes, c'est le rapport de coexistence des choses. La durée, c'est une continuité d'objets successifs : c'est le rapport de succession des choses. Et le mouvement, c'est l'ensemble des positions d'un corps dans l'espace pendant un certain temps : en d'autres termes, c'est l'ensemble d'une série de rapports de coexistence et de succession[1]. En un mot donc, le nombre, l'espace, la durée, le mouvement, sont des rapports de deux ou de plusieurs choses entre elles.

Et par là nous voyons quel est le véritable objet des sciences mathématiques. Cet objet, c'est l'étude

---

1. Les différentes parties du mobile ont, pendant l'instant 1, occupé les points A, B, C... de l'espace. Pendant l'instant 2, elles ont occupé les points A', B', C'.... Pendant l'instant 3, elles ont occupé les points A″, B″, C″.... Le mouvement est l'ensemble des rapports de coexistence ABC..., A'B'C'..., A″B″C″..., et des rapports de succession AA'A″..., BB'B″.... CC'C″....

de certains rapports des choses entre elles, l'étude de certaines lois (les lois numériques, les lois spaciales, les lois du mouvement). Et cela ne peut plus nous surprendre : nous avons vu en effet, dans le précédent chapitre, que les sciences mathématiques, étant les plus simples de toutes, devaient être les plus parfaites. Or la perfection, pour une science, consiste à s'être élevée de l'étude des faits à l'étude de leurs rapports, de leurs lois. Les mathématiques s'y sont si bien élevées, qu'aujourd'hui cette étude des rapports et des lois les constitue exclusivement. On ne s'occupe plus aujourd'hui de faits en mathématiques; on ne s'occupe plus que de lois. De là vient que, tandis qu'on parle journellement de lois mathématiques, l'expression de « fait mathématique » étonne et n'a presque plus aucun sens. Nous ne pouvons pas oublier cependant que, avant de s'élever aux lois, les mathématiques ont dû commencer par recueillir des faits : puisque les lois ne sont autre chose que les rapports constants qui unissent les faits. Nous verrons ultérieurement, en examinant la méthode des sciences mathématiques, comment ces sciences ont pu passer de l'étude des faits, leur objet primitif, à l'étude des lois, leur objet actuel.

CHAPITRE IV

OBJET DES SCIENCES PHYSIQUES

Les sciences physiques sont la physique proprement dite et la chimie. Elles étudient les phénomènes qui se produisent, soit dans la constitution extérieure des corps (physique proprement dite), soit dans leur composition intime (chimie). — La connaissance de ces phénomènes est du plus grand secours aux différents arts industriels : il serait superflu d'énumérer ici les innombrables arts qui se sont constitués en ce siècle comme des applications de la physique et de la chimie.

En dehors de ces applications, et considérés en eux-mêmes, les faits physico-chimiques nous apparaissent comme étant le produit de forces, qui se traduisent au dehors par des mouvements. On sait que le principal effort de la physique contemporaine tend à prouver l'unité des forces physiques, et à ramener tous les faits physico-chimiques à des mouvements rigoureusement définis. Si l'on pouvait définitivement y parvenir, toutes les branches de la physique et de la chimie ne seraient plus que des dérivés de la mécanique, et l'on n'aurait plus à s'y occuper que des lois mathématiques des divers mouvements. Mais on est assez loin encore d'avoir atteint cet idéal : et l'objet des sciences physiques n'est pas encore si simplifié.

Au contraire, comme nous l'avons déjà vu (chapitre ι), les sciences physiques étudient à la fois les faits et leurs lois. Sans doute, elles tendent de plus en plus à s'affranchir de l'étude des faits, pour s'élever à l'étude exclusive des lois : soit que les faits acquis soient en provision suffisante pour qu'on puisse en établir directement les rapports, soit que, des lois déjà trouvées, on soit à même de déduire par le calcul d'autres lois dérivées. Mais les sciences physiques ne sont pas encore parvenues à ne s'occuper que de lois. Pour qu'elles puissent prétendre avoir épuisé leur objet, nombre de faits leur manquent encore : et, tant qu'elles les ignoreront, il faudra bien qu'elles les étudient. Ainsi, quoiqu'elles tendent dès maintenant à constituer leur connaissance de la constitution externe et interne des choses par la seule étude des lois du mouvement, les sciences physiques doivent encore faire porter une grande partie de leurs efforts sur les simples phénomènes.

CHAPITRE V

OBJET DES SCIENCES NATURELLES

Les sciences naturelles étudient les êtres concrets. Mais ceux-ci sont de deux sortes : êtres dépourvus de vie, êtres vivants. Les sciences naturelles se divisent donc elles-mêmes en deux séries.

Les unes étudient les êtres dépourvus de vie : à savoir la terre, objet de la géologie[1]; et les minéraux, objets de la minéralogie.

Les autres étudient les êtres vivants : l'ensemble de ces sciences se nomme la biologie. Et la biologie elle-même peut se diviser à deux points de vue :

1. Il y faudrait joindre l'étude concrète des autres astres : et ces deux études réunies constitueraient la cosmologie, ou science de l'univers physique en général. Malheureusement l'étude concrète des astres autres que la terre est bien peu avancée. Ce que nous connaissons le mieux de ces astres, ce sont leurs mouvements, objets d'une science abstraite, l'astronomie mathématique.

1° les êtres vivants se divisent en végétaux et en animaux : dans la biologie on distinguera donc la botanique, étude des végétaux, et la zoologie, étude des animaux ;

2° les êtres vivants sont formés d'organes (tête, poitrine, bras, etc.) dans lesquels s'exercent des fonctions (circulation, respiration, digestion, etc.) : donc, dans la biologie, on distinguera à ce point de vue l'anatomie, ou étude des organes, et la physiologie, ou étude des fonctions.

Sur la connaissance de ces êtres reposent des arts pratiques, tels que la médecine : car on ne peut évidemment guérir un être qu'en connaissant sa constitution normale.

Les êtres qu'étudient les sciences naturelles sont donc, en somme, vivants ou non vivants. Les uns et les autres, d'ailleurs, possèdent les propriétés mathématiques et physico-chimiques ; car les uns et les autres occupent une partie de l'espace, durent pendant un certain temps, sont animés par certaines forces (pesanteur, chaleur, affinité chimique, etc.). Le plus humble minéral possède ces forces physico-chimiques. Ce qu'il ne possède pas, ce qui est réservé aux végétaux et aux animaux seuls, c'est la vie, c'est-à-dire une organisation de ces forces telle que l'être qui en est doué soit apte à entretenir par lui-même son existence. Et parmi les êtres vivants, il faut encore distinguer ceux qui ont simplement la vie (les végétaux) de ceux qui ont en outre la pensée (les animaux, au moins les animaux supérieurs) ; ces derniers étant seuls capables de travailler *consciemment* à conserver, à agrandir, à embellir leur existence. Nous reviendrons ailleurs (voir chapitre xii) sur ces notions de force, de vie et de pensée : nous verrons qu'il n'y a pas d'abîme entre elles, non plus qu'entre les êtres qui possèdent ces attributs. Qu'il nous suffise pour le moment d'en avoir marqué le sens, d'avoir indiqué que la force, la vie et la pensée sont les trois objets dont s'occupent les sciences naturelles.

Comment s'en occupent-elles? En étudiant par le menu les êtres qui possèdent ces propriétés, et les faits qui les manifestent. Ici l'observation des faits est presque tout. On essaye bien les faits une fois découverts, d'en chercher la loi, et déjà d'importantes découvertes ont été faites dans cette direction. Mais on est encore tellement loin d'avoir épuisé le domaine des faits qu'actuellement on entrevoit seulement dans le lointain le jour où on pourra ne s'occuper plus que des lois. Infiniment plus complexes que les sciences mathématiques et même que les sciences physiques, les sciences naturelles sont forcément moins avancées. Et tandis que les premières n'ont plus à étudier que les lois, que les secondes prétendent arriver bientôt au même point, les dernières sont encore éloignées de ce terme par l'immense domaine des faits qu'il leur reste à observer.

CHAPITRE VI

OBJET DES SCIENCES SOCIALES

Si les sciences naturelles étudient les êtres individuels, les sciences sociales étudient les groupes formés par ces individus, les sociétés.

Tous les êtres vivants sont susceptibles de former des sociétés ; aussi les sciences sociales ne peuvent-elles négliger l'étude des sociétés formées par les animaux (fourmis, abeilles, etc.). Toutefois, c'est à l'étude des sociétés humaines, les plus parfaites et celles qui nous intéressent le plus, qu'elles s'attachent principalement. Elles étudient donc surtout l'activité de l'homme, en tant qu'il se rattache à ses semblables ; en d'autres termes, les mœurs de l'homme : d'où le nom de sciences morales qu'on leur donne aussi. Et comme cette activité se manifeste essentiellement par la pensée, — car tout en l'homme est dirigé par l'esprit, — c'est à la pensée humaine que s'intéressent avant tout les sciences sociales. Les principales de ces sciences sont :

1° l'anthropologie, qui étudie l'homme en général et les races humaines;

2° la psychologie, qui étudie la pensée humaine en elle-même, l'esprit de l'homme (l'anthropologie et la psychologie forment la transition entre les sciences naturelles et les sciences sociales, car elles étudient l'individu avant d'étudier l'action que la vie sociale a sur lui);

3° la philologie, ou science du langage, qui étudie la manifestation de la pensée par la parole;

4° l'histoire, qui montre comment se sont formées, développées et détruites les diverses sociétés humaines.

Il faut, à ces sciences théoriques, rattacher un art pratique, le droit, qui indique, en partant de la connaissance de l'esprit et de la société, quelles règles on doit établir dans la société pour y faire régner la justice. — Il y faut rattacher aussi l'économie politique, à la fois science et art des richesses, qui indique à la fois : comment, en fait, elles se forment, circulent, se répartissent et se consomment; et comment, en raison, on pourrait faire pour régler de la façon la meilleure possible leur production, leur circulation, leur répartition et leur consommation.

Tel est l'ensemble des sciences qui étudient l'activité sociale de l'homme. Comment l'étudient-elles? Comme les sciences naturelles, en amassant les faits qui la manifestent. Évidemment, elles cherchent, après avoir réuni ces faits, à dégager les lois qui les régissent. Mais, évidemment aussi, elles n'y parviennent encore que difficilement, plus difficilement même que les sciences naturelles, puisqu'elles sont plus complexes. L'étude des faits est encore leur apanage : l'étude des lois, jusqu'ici simplement ébauchée, mettra longtemps encore à donner des résultats aussi parfaits que ceux auxquels on est arrivé dans les sciences abstraites.

Ainsi la formule posée au début de cette section se trouve vérifiée : toutes les sciences étudient les faits, et leurs lois. Mais les plus simples (les sciences abstraites) sont depuis longtemps parvenues à l'étude des lois, tandis que les plus complexes (les sciences concrètes) n'ont point encore achevé de recueillir les faits qu'il leur est nécessaire de connaître. Toutes ont fondamentalement un même objet, l'étude de l'univers; mais les premières, s'étant circonscrit un domaine plus restreint, ont pu le parcourir plus vite, et par là même elles semblent plus près que les secondes d'avoir atteint le terme propre de leurs recherches.

SECONDE SECTION

MÉTHODE DES SCIENCES

CHAPITRE VII

MÉTHODE DES SCIENCES EN GÉNÉRAL

Nous savons quel est l'objet des diverses sciences. Voyons maintenant quels sont les procédés dont elles se servent pour étudier cet objet, quelles sont leurs différentes méthodes.

Le savant, nous l'avons vu, doit d'abord recueillir des faits. Pour cela, que fera-t-il? Il remarquera comment ces faits se produisent dans la nature, il observera. Quand la simple observation ne lui fournira pas tous les faits qu'il désire, il fera des expériences pour s'en procurer; c'est-à-dire qu'il produira artificiellement les phénomènes que la nature d'elle-même ne lui fournissait pas. L'*observation* et l'*expérimentation*, tels sont donc les deux procédés par lesquels le savant se procure les faits.

Une fois les faits recueillis, il faut les grouper entre eux suivant leurs affinités naturelles ; c'est l'œuvre de la classification. — Et une autre opération se mêle à celle-là : la définition. Car, avant de rapprocher deux objets dans un même groupe, il faut les avoir définis, en résumant dans une formule leurs caractères. Et une fois le groupe formé, il faut encore — pour le comparer aux autres groupes — le définir, c'est-à-dire donner une formule qui embrasse l'ensemble des caractères communs à tous les êtres de ce groupe. — *Classification* et *définition*, voilà donc deux nouveaux procédés de la science.

Ce n'est pas tout : les faits étant désormais classés, il faut trouver leurs causes, et établir les lois qui relient ces causes à leurs effets. Cette opération se nomme l'induction. — Puis, la loi étant trouvée, on peut, en la combinant avec d'autres lois antérieurement connues, en tirer des lois dérivées : cette opération se nomme la déduction. — L'*induction* et la *déduction* sont donc les deux procédés par lesquels l'esprit arrive à formuler les lois naturelles.

Mais il n'est pas toujours possible de connaître tous les faits, ni d'établir entre les faits connus un groupement rigoureux ou une loi certaine. On a alors recours à l'*hypothèse*. L'hypothèse, le plus souvent, se fonde sur une analogie, en ce sens qu'on étend au cas étudié, en l'absence de preuves directes, la solution qu'on a trouvée vraie dans un cas voisin. L'hypothèse a son utilité dans la science : car souvent elle devine par intuition une vérité, que l'observation ou le raisonnement viendront ensuite confirmer ; de toutes façons elle provoque des recherches, tant de la part de ses partisans, qui veulent la confirmer, que de la part de ses adversaires, qui veulent la ruiner : et par là même elle fait entrer dans la science une foule de faits nouveaux. C'est ainsi que l'hypothèse alchimique de l'existence d'une « pierre philosophale » capable de transmuer tous les métaux en or, toute fausse qu'elle fût, a rendu de grands services à la chimie, en amenant à la découverte de faits qui furent les bases de la chimie moderne. — Ainsi il ne serait pas légitime de bannir l'hypothèse de la science, puisqu'elle peut lui rendre de réels services. Mais il ne faut avoir recours à elle que quand les divers procédés énumérés plus haut n'ont pu donner de résultats pleinement satisfaisants.

Tels sont donc les divers procédés par lesquels l'esprit recueille les faits, les groupe, en établit les causes, en formule les lois. Ces divers procédés ont dû être employés successivement par toutes les sciences : chacune d'elles ayant dû commencer par recueillir des faits avant de formuler des lois, chacune a dû commencer par l'observation et l'expérimentation, avant de parvenir à la classification, avant surtout d'atteindre à l'induction et par celle-ci à la déduction. Et naturellement nous retrouverons ici ce que nous avons constaté plus haut : à savoir que les sciences plus simples ont avancé plus vite que les sciences plus complexes. Les sciences simples, ayant peu de faits à étudier, en ont eu vite terminé l'observation et la classification, et bientôt sont arrivées à l'induction, puis, par celle-ci, à la déduction. Les sciences complexes au contraire sont encore retenues dans les liens de l'observation et de la classification. C'est ce que nous allons voir se vérifier en examinant la méthode des différents groupes de sciences.

CHAPITRE VIII

MÉTHODE DES SCIENCES MATHÉMATIQUES

Les sciences mathématiques, comme toutes les autres, ont commencé par l'observation. Les premiers hommes qui songèrent à remarquer la forme des objets qui les entouraient s'aperçurent que nombre de ces objets présentaient des formes analogues entre elles. Ils classèrent ainsi tous ces objets en un certain nombre de groupes, suivant qu'ils leur paraissaient limités par deux, trois, etc..., côtés, ou bien par deux, trois... surfaces. Ils donnèrent un nom, une définition à chaque groupe ainsi formé : ils définirent le triangle, le carré, le cercle, la pyramide, le cylindre, le cône, etc.... Puis, constatant que chacune de ces formes présentait un ensemble de propriétés liées entre elles par des rapports constants, ils établirent les lois de chacune d'elles. Et enfin, de ces lois trouvées par induction, ils déduisirent d'autres lois secondaires, par le simple raisonnement, et sans recourir de nouveau à l'expérience autrement que pour les vérifier. C'est l'ensemble des lois ainsi établies qui constitue aujourd'hui les sciences mathématiques.

A la théorie que nous venons d'esquisser sur l'origine et le développement des mathématiques, on a présenté une grave objection. Les mathématiques, dit-on, ne peuvent avoir eu leur première origine dans l'observation : car les objets qu'elle étudient sont fort différents de ceux que l'observation nous montre. Les mathématiques raisonnent sur des cercles et des triangles parfaits; mais, dans la nature, aucun objet n'est parfaitement circulaire ni parfaitement triangulaire; les mathématiques n'ont donc pu prendre leurs objets à l'observation de la nature, et les idées sur lesquelles elles raisonnent sont de pures créations de l'esprit.

Voici la réponse qu'il convient de faire à cette objection. Sans doute, aucun objet naturel n'est terminé par des lignes parfaitement droites, par des surfaces parfaitement planes; mais chacun dévie de la ligne droite, de la surface plane, dans un sens différent; si bien que, quand on fond en une idée unique les idées de ces divers objets, ces déviations en sens contraire se neutralisent. L'homme a donc parfaitement pu, en groupant entre elles les formes

analogues, et en éliminant leurs caractères acciden-
tels pour ne voir que le caractère essentiel qui les
rapprochait, dégager des idées qu'il s'en formait
l'idée de lignes parfaitement droites et de surfaces
parfaitement planes, c'est-à-dire l'idée de figures
géométriques régulières.

En un mot donc, les mathématiques, n'ayant à
étudier qu'un objet relativement simple (les seules
propriétés numériques des êtres), ont pu progresser
plus vite que les sciences astreintes à étudier des
êtres concrets dans toute leur complexité. Aussi les
sciences mathématiques sont-elles arrivées vite,
après avoir observé, classé et défini les formes des
objets réels, à en découvrir par induction les lois
générales, et à tirer de celles-ci, par déduction, des
lois particulières. A l'état actuel, ces sciences ne
procèdent même plus que par déduction. Mais cet
état de perfection ne doit pas nous faire oublier les
états rudimentaires que les sciences mathématiques
ont dû traverser d'abord ; et l'emploi exclusif qu'elles
font aujourd'hui du raisonnement ne peut nous cacher qu'elles ont dû, comme toutes les autres sciences, débuter par l'observation.

Ayant indiqué comment se sont constituées peu
à peu les mathématiques, nous devons insister main-

tenant sur leur état actuel, sur les procédés qu'elles emploient aujourd'hui.

Dans la composition de toute science mathématique entrent : 1° et 2° des *définitions* et des *axiomes*, qui sont la base de la science; 3° des *démonstrations*, qui en sont le corps.

Les définitions mathématiques sont les définitions que l'expérience nous a appris à donner des diverses figures (triangle, cercle, cylindre, sphère, etc.), mais dans lesquelles nous introduisons l'idée de la régularité parfaite. Ex. « une circonférence est une figure dont *tous* les points sont équidistants d'un point intérieur nommé centre. »

Les axiomes ou postulats mathématiques sont des propositions qui ne peuvent être démontrées, et qui n'ont pas besoin de l'être, car elles sont évidentes par elles-mêmes. On en distingue de deux sortes :

1° Les axiomes communs à toutes les sciences mathématiques; ex. : « le tout est plus grand que la partie ».

2° Les axiomes propres à la géométrie; ex. : « par un point extérieur à une droite on peut lui mener une parallèle et on ne peut lui en mener qu'une (postulatum d'Euclide) ».

D'où les axiomes dérivent-ils? Distinguons :

1° Les axiomes communs à toutes les sciences

mathématiques reposent immédiatement sur les définitions mêmes par lesquelles s'ouvrent ces sciences. Ainsi, de la définition du « tout » et de la « partie », résulte immédiatement l'axiome « le tout est plus grand que la partie », puisque le tout est, par définition, la somme des parties. — Mais ces définitions elles-mêmes dérivent, nous l'avons vu plus haut, de l'expérience. Ces axiomes en dérivent donc aussi.

2° Les axiomes propres à la géométrie ne peuvent être démontrés, parce qu'ils ne résultent pas immédiatement des définitions. Mais ils sont « évidents par eux-mêmes »; en ce sens que l'expérience la plus simple les confirme sans cesse. Pour se convaincre, par exemple, de la vérité du postulatum d'Euclide, il n'y a qu'à prendre une équerre, une règle et un crayon, et à essayer de faire le dessin : on verra immédiatement que rien n'est plus simple que de mener une parallèle à une droite, par un point extérieur à cette droite, et que rien ne serait plus impossible au contraire que de lui en mener deux. C'est même la seule démonstration probante qu'on en ait pu, malgré bien des efforts, donner jusqu'ici. — Qu'en résulte-t-il, sinon que ces axiomes dérivent, comme les précédents, de l'expérience, et que c'est l'observation seule qui a pu nous les enseigner?

Restent les démonstrations qui, s'appuyant sur les définitions et les axiomes, forment le corps même de la science. Ces démonstrations sont de diverses espèces :

1° En arithmétique et en algèbre, elles portent seulement sur des quantités; tout ce qu'on veut démontrer, c'est l'égalité de deux grandeurs. En géométrie, en mécanique, en astronomie, elles portent au contraire sur des qualités : ce qu'on veut ici prouver, c'est l'existence d'un rapport de position entre des points, des lignes, des surfaces, des corps solides. Mais ce qu'il y a de remarquable, c'est que, pour établir ce rapport (qualitatif) de position, on cherche à le ramener, lui aussi, à un rapport (quantitatif) de grandeur. Exemple : pour définir la position qu'occupe un point B par rapport à un point A, il suffira d'indiquer le rapport numérique de leurs coordonnées; c'est-à-dire qu'un rapport de position entre des points sera ramené à un rapport de grandeur entre leurs coordonnées. Les démonstrations mathématiques portent donc : soit directement (en algèbre et en arithmétique) sur des quantités; soit directement (en géométrie, en mécanique et en astronomie) sur des qualités, indirectement sur des quantités.

2° Les démonstrations sont : ou bien immédiates, comme lorsqu'elles peuvent se tirer d'une identité ou d'une équation évidente par elle-même; ou bien médiates, lorsqu'il faut, pour passer des données connues à la proposition à démontrer, recourir à une série plus ou moins longue de propositions intermédiaires, celles-ci pouvant être elles-mêmes, comme en algèbre, des équations, ou, comme en géométrie, des relations de grandeur (équations) et des relations de position à la fois.

Tels sont les principaux types auxquels peuvent se ramener les démonstrations mathématiques[1].

1. Signalons encore cependant :

1° la démonstration par l'absurde, c'est-à-dire par la fausseté de la proposition contraire ;

2° la démonstration dite « analytique », qui, supposant démontrée la proposition qui est en question, en déduit des conséquences, jusqu'à ce qu'elle arrive à une formule dont la vérité est connue par ailleurs, et qui conclut alors de la vérité de la conséquence à la vérité du principe, c'est-à-dire de la proposition en question.

CHAPITRE IX

MÉTHODE DES SCIENCES PHYSIQUES

Les sciences physico-chimiques ont eu la même origine et la même évolution que les sciences mathématiques. Prenons comme exemple la partie de ces sciences qui traite de la pesanteur. Évidemment, les premières notions que les hommes ont eues de la pesanteur leur sont venues de la simple observation : c'est en voyant tomber des corps à la surface de la terre, ou en essayant de soulever eux-mêmes certains objets, qu'ils se sont fait l'idée de « chose pesante ». Cette idée s'est précisée par des expériences qu'ils ont faites, d'abord naïvement (ces expériences des premiers âges ont dû être fort semblables à celle de l'enfant qui jette un bâton dans l'eau pour voir s'il surnagera), et dans la suite d'une façon de plus en plus réfléchie et scientifique (expérience de Montgolfier qui gonfle un ballon de gaz chaud pour voir s'il s'élèvera dans l'air). Par ces observations et ces expériences, l'homme apprit que les différents corps n'ont pas tous une même pesanteur : il s'habitua dès lors à les grouper, à ce point de vue, en deux ou trois grandes catégories; il en fit une première classification. Et par là même il fut porté à donner un nom à ces diverses catégories, à définir les corps légers, les corps graves, etc. Ce n'est qu'après avoir ainsi formé des classes de faits qu'il songea à dégager les lois qui régissent chacune d'elles. En comparant les unes aux autres les diverses observations qu'il avait pu recueillir, en faisant des expériences spécialement dirigées dans ce but, il parvint à trouver, par induction, la loi de la chute des corps et sa formule précise. Puis, une fois cette formule trouvée, il raisonna sur elle, il en tira des conséquences, et, en l'associant avec d'autres lois physiques découvertes par des moyens analogues, il en conclut, par déduction, certaines lois dérivées; et c'est le développement méthodique de ces lois qui constitue aujourd'hui la plus grande partie de toute étude scientifique de la pesanteur.

Ainsi, nous venons de le montrer, six des procédés scientifiques à nous connus (observation, expérimentation, classification, définition, induction, déduction) ont servi successivement, au cours des siècles, à constituer cette branche de la science physique. Ce n'est pas tout : l'hypothèse et l'analogie ont eu aussi leur rôle ; car avant d'être des lois scientifiquement démontrées, les lois de la pesanteur ont été des intuitions de l'esprit, des hypothèses que le savant se forgeait en considérant les analogies des phénomènes. Mais le rôle de l'hypothèse va nous paraître bien plus considérable encore si, quittant cette étroite étude de la pesanteur, nous envisageons l'ensemble de la science physique. On le sait, en effet, pour le savant contemporain, les diverses branches des sciences physico-chimiques ne sont plus que les parties d'un même tout. Les phénomènes dans lesquelles la science des derniers siècles voyait le produit de « forces » distinctes, pesanteur, son, lumière, électricité, chaleur, etc., ne nous paraissent plus aujourd'hui que les aspects divers d'un fait unique, le mouvement. Nous estimons donc qu'il n'y a dans la nature physique qu'un seul ordre de faits, les faits de mouvement, et un seul ordre de lois, les lois du mouvement, tous les faits et toutes les lois physiques n'étant que des formes spéciales du mouvement et de ses lois. Mais cette hardie réduction de toutes les forces physiques à l'unité n'est jusqu'ici qu'une hypothèse. Et comme elle est, en somme, la plus grande idée qu'ait eue la physique contemporaine, il faut donc dire qu'au sommet de cette science se place une vaste hypothèse.

Ceci nous permet de comprendre comment tend à se constituer actuellement la science physique. On part de cette grande hypothèse, l'unité des forces physiques, et leur réduction au mouvement. On pose la loi générale du mouvement; on essaye d'en déduire les lois des diverses formes du mouvement (son, chaleur, etc.)[1]. On espère arriver ainsi à constituer la physique comme une pure chaîne de raisonnements, partant d'un grand principe pour se continuer par une série de déductions ininterrompue, exactement comme font les mathématiques elles-mêmes[2]. Quand on en sera arrivé à ce

1. Car, pour la physique moderne, le son, la chaleur, etc., n'étant que des mouvements plus ou moins rapides, il suffirait de connaître leur forme et leur vitesse, et d'introduire ce coefficient dans la formule générale du mouvement, pour en tirer les lois de ces espèces particulières du mouvement. Mais le difficile est justement de savoir quelle est la forme et la vitesse de chaque espèce.

2. Car les sciences mathématiques elles aussi, ou tout au moins les moins abstraites d'entre elles, géométrie, mécanique, astronomie, reposent sur une hypothèse générale, sur l'hypothèse qu'il existe dans la nature des lignes *parfaitement* droites, des surfaces parfaitement planes. Cette hypothèse n'est pas directement vérifiée, car les sens ne nous montrent pas

point, les sciences physiques auront revêtu (comme l'ont déjà fait les sciences mathématiques) une forme exclusivement déductive. Et cependant l'observation n'en pourra être totalement bannie; car elle servira à vérifier ces lois obtenues déductivement, et, par là même, à vérifier l'hypothèse générale dont ces lois ont été déduites. De sorte que l'observation continuera à jouer un rôle, même dans cet état parfait et idéal de la science physique. Et comme, d'autre part, c'est sur la série des observations primitives que s'est peu à peu étayé l'édifice des lois inductivement établies dont sont sorties les premières déductions ; comme c'est en comparant entre elles ces observations et ces lois multiples que le savant a été amené à cette hypothèse générale qui.domine la science moderne; il faut dire que l'observation, ayant été ainsi l'origine de la science et lui restant indispensable même à son dernier terme, ne saurait y être traitée avec dédain. Il est bon, sans doute, et il est nécessaire que la physique arrive un jour à se constituer déductivement, comme y sont déjà arrivées les mathéma-

dans les corps réels cette perfection. Mais elle l'est indirectement, par ce fait que les calculs mathématiques, tous fondés sur cette hypothèse, ont toujours pu s'appliquer aux choses réelles, en mécanique par exemple.

tiques. Mais cela ne saurait nous faire croire que la déduction en a toujours été le principal procédé, ni même qu'elle puisse jamais en devenir le procédé exclusif.

CHAPITRE X

MÉTHODE DES SCIENCES NATURELLES

Les sciences naturelles ont suivi la même marche que les sciences physiques. Mais, étant beaucoup plus complexes, elles ont dû faire des progrès bien moins rapides, et elles n'ont pu encore se mettre en pleine possession des procédés scientifiques les plus élevés.

L'observation, tout d'abord, forme évidemment la base même des sciences naturelles. C'est à elle que sont dues, encore aujourd'hui, la plupart des données dont ces sciences sont faites.

L'expérimentation y a-t-elle un rôle? Évidemment.

1° En physiologie, elle est l'instrument principal de la recherche. Le meilleur moyen que nous ayons pour étudier le fonctionnement du mécanisme animal est d'agir sur lui. Pour voir comment s'opère la respiration, par exemple, on placera l'animal dans un milieu gazeux artificiellement préparé, en

notant les quantités des différents gaz avant l'expérience, après un certain nombre d'inspirations,
après un certain nombre d'autres, etc....

2° Mais on a prétendu parfois que l'expérimentation n'avait point d'usage en anatomie; car, dit-on,
si nous pouvons modifier les fonctions de l'animal,
nous serions incapables de modifier ses organes, ses
formes, objet de l'anatomie. — C'est une erreur :
en modifiant le milieu qui entoure un être, on modifie sa forme même. C'est ainsi que, en cultivant
une même plante dans deux sols différents, on
arrive à lui donner des aspects très divers, à produire
chez elle des variétés notablement distinctes. C'est
ainsi encore que Darwin a pu, par une action continue
et savamment combinée, modifier en quelques années
la forme de plusieurs races de pigeons. En somme,
la culture et l'élevage, qui sont des expériences
à leur manière — et des expériences même très fruc-
tueuses pour le savant — ne font pas autre chose
que modifier les formes naturelles des êtres vivants
en modifiant leur alimentation et leur milieu.

Une fois les êtres réels connus par l'observation
et l'expérimentation, le naturaliste essaye de les
grouper entre eux par la classification. Former des
classes qui reproduisent exactement les véritables
divisions naturelles est même le principal souci

qu'ait à l'heure présente la biologie. La classification elle-même implique :

1° La définition; car pour classer des individus, il faut les avoir définis; et, une fois la classe elle-même formée, on cherche à la définir à son tour par l'énumération des caractères communs à tous les êtres qui la composent.

2° L'hypothèse; car, avant d'être scientifiquement établi, le groupement des êtres réels n'a d'abord été qu'une hypothèse fondée sur leurs analogies.

L'induction elle-même tend actuellement à s'introduire en biologie. Nous savons aujourd'hui, en effet, que les espèces naturelles ne restent pas immuables, mais qu'elles varient sans cesse sous l'influence du genre de vie que mène l'individu et de l'action qu'exerce sur lui son milieu. Une variation dans le milieu entraîne donc à sa suite une variation dans l'organisme, et on peut établir entre ces deux faits un rapport de causalité dans le temps, un rapport de succession, en d'autres termes, une loi. Formuler ces lois sera l'œuvre de l'induction. — L'induction montrera donc comment, sous l'action des forces extérieures, les êtres vivants se sont peu à peu transformés, et elle arrivera même, espère-t-on, à donner une loi générale qui résume toutes ces modifications successives. — Cela fait, la déduction pourra à son tour jouer un rôle. La formule universelle de l'évolution des êtres étant découverte, on pourra en déduire, par le simple raisonnement, les lois de certaines transformations particulières qui n'auraient pas été jusque-là directement observées, mais qu'on pourra ensuite cependant vérifier par l'expérience. Ainsi on arrivera un jour, espère-t-on, à amener les sciences naturelles au point où en sont aujourd'hi les sciences physiques, c'est-à-dire à l'étape de l'induction et, mieux encore, de la déduction. Mais ce jour semble encore assez éloigné.

CHAPITRE XI

MÉTHODE DES SCIENCES SOCIALES

Ces sciences emploient :
1° L'observation ;
2° L'expérimentation[1] ;

1. L'emploi de l'expérimentation est ici particulièrement difficile, car on ne peut faire des expériences sur des hommes avec la même désinvolture que sur des corps bruts ou même sur des animaux. Cet emploi cependant n'est pas sans exemple. Ainsi le législateur qui, avant d'adopter définitivement une mesure, la prend à titre provisoire, pour voir quels effets son application produira, fait une expérience.

Du témoignage. Dans les sciences sociales, comme d'ailleurs dans les sciences physiques et naturelles, le savant ne peut pas avoir observé ou expérimenté par lui-même tous les faits qu'il rapporte. Il doit en relater un certain nombre sur la foi des investigateurs précédents : il doit donc accepter le *témoignage* de ceux-ci. — Sur quoi se fonde notre confiance dans le témoignage d'autrui? Sur cette simple idée que, l'homme se servant de la parole pour exprimer sa pensée, tout homme doit être cru en principe, à moins qu'on n'ait de sérieuses raisons de douter de ce qu'il dit. — Quelles peuvent être ces raisons?

5° La classification, avec ses annexes : définition et hypothèse.

Comme les sciences naturelles aussi, les sciences

Il y en a de deux sortes : 1° ou bien il semble que le témoin qui rapporte le fait s'est lui-même trompé (il a mal vu, il a été induit en erreur par de faux récits, etc.); 2° ou bien il semble que, sachant lui-même la vérité, il veuille nous tromper (par intérêt, par caprice, etc....). — Il faudra donc, avant d'accepter un témoignage, se demander : 1° si le témoin sait la vérité (s'il a été en mesure de l'apprendre, s'il est assez intelligent pour la comprendre); 2° s'il veut nous la dire (s'il n'a pas de raison de nous cacher la vérité ou de nous induire en erreur). — Quand on aura plusieurs témoignages sur un même fait, il faudra les comparer; s'ils sont d'accord, c'est une présomption en faveur de la vérité du fait allégué; s'ils ne le sont pas, il faudra, non pas tant les compter, que les peser pour voir lequel mérite le plus de confiance. — Applications de ces règles en histoire. L'historien recueille des témoignages de toute sorte : témoignages oraux, traditions populaires, écrits, monuments historiques (les monuments et les inscriptions sont la plus précieuse source de renseignements que nous ayons sur la vie des peuples antiques). Quant il s'agit ainsi de témoignages conservés dans des écrits ou des monuments, il y a lieu (avant même de chercher si l'auteur du livre ou de l'inscription savait la vérité et voulait la dire) de se demander si le livre ou l'inscription sont authentiques, c'est-à-dire s'ils émanent bien du personnage à qui on les attribue; autrement ils perdraient toute valeur, du moins comme témoignage émanent de ce dernier, quoique peut-être ils puissent encore avoir leur utilité, comme servant à nous faire connaître l'état d'esprit du faussaire qui les a fabriqués et le milieu dans lequel il vivait.

sociales tendent à employer l'induction pour établir des rapports de causalité et de succession (ainsi l'histoire cherche à trouver la cause des faits les plus importants), et, par delà ces rapports particuliers, la loi universelle qui doit régir toute l'évolution humaine. Une fois cette loi universelle trouvée, on pourra songer à en tirer, par déduction, des conséquences nouvelles, à prévoir à coup sûr, par exemple, l'avenir de telle ou telle société humaine. — Mais ce ne sont là encore que des espérances; et, loin d'en être déjà arrivées à ce terme, les sciences sociales sont aujourd'hui presque réduites encore à la simple observation. Elles sont donc moins avancées encore que les sciences naturelles, ce qui est d'ailleurs fort intelligible, puisqu'elles sont plus complexes.

Quant aux arts sociaux (le droit par exemple), ils procèdent par déduction, en appuyant leurs raisonnements sur les lois induites, tant bien que mal, par les sciences sociales.

En terminant cette étude de la méthode des sciences, nous pouvons conclure ainsi :

Toutes les sciences emploient les mêmes procédés, et dans le même ordre. Toutes commencent par analyser la nature, au moyen de l'observation et de l'expérimentation. Toutes cherchent ensuite à synthétiser les faits ainsi obtenus, d'abord en les classant et en les définissant, puis en dégageant par induction les lois qui les régissent. Ces classes et ces lois ont été primitivement de simples hypothèses, fondées sur les analogies que les faits présentaient entre eux. Plus tard seulement elles ont été scientifiquement établies. Et alors, immédiatement, l'esprit humain a cherché à en dégager des applications en en déduisant des lois secondaires. — Telle a été la marche commune de toutes les sciences. Mais les plus simples ont nécessairement marché plus vite que les autres. Aussi les sciences mathématiques sont-elles depuis longtemps arrivées au stade déductif, tandis que les sciences physiques y tendent seulement par l'induction, que les sciences naturelles ne s'élèvent guère au-dessus de la classification, et que la simple observation domine encore dans les sciences sociales proprement dites. — Mais la diversité des points où sont parvenues actuellement les diverses sciences ne doit pas nous faire oublier qu'elles ont suivi une route commune, et que leur méthode à toutes est essentiellement la même.

TROISIÈME SECTION

CONCLUSIONS DES SCIENCES

Chaque science, en étudiant son objet propre avec sa méthode particulière, arrive à certaines conclusions. L'ensemble des conclusions des diverses sciences forme l'idée générale que la science nous donne de l'univers. Et comme toute science tend à formuler des lois, de l'ensemble des sciences se dégagera une loi suprême, régissant tous les faits à nous connus. Pour atteindre à cette loi suprême, pour connaître la conclusion générale des sciences, il nous faudra d'abord examiner les conclusions spéciales des sciences particulières, puisque celles-ci sont les éléments de celle-là.

CHAPITRE XII

Cherchons d'abord quelle conception de l'univers se dégage des sciences mathématiques. Nous n'avons rien à tirer de l'algèbre et de l'arithmétique, sciences tout abstraites, qui ne peuvent nous renseigner sur la nature des êtres concrets. La géométrie elle-même, quoique moins abstraite, ne nous servira guère plus : car le monde qu'elle nous présente est un monde immuable, d'où toute vie, d'où tout mouvement est banni, et nous savons bien que le monde réel est rempli de mouvement et de vie. Adressons-nous donc aux sciences qui étudient le mouvement, à la mécanique et à l'astronomie. Qu'y trouvons-nous? Deux idées générales seulement, deux idées bien simples, mais d'une importance capitale : l'idée que tout effet est produit par une cause toujours la même, dont l'apparition détermine nécessairement l'apparition de l'effet ; et l'idée que la cause est forcément antérieure à l'effet qu'elle produit. Le lien nécessaire de la cause et de l'effet se nomme « déterminisme » ; l'antériorité de la cause par rapport à l'effet se nomme « mécanisme ». Une série de mouvements qui en précèdent d'autres et les nécessitent, voilà la conception que la mécanique et l'astronomie nous donnent de l'univers.

Et c'est cette même conception que nous retrouvons dans les sciences physiques. Pour celles-ci, en effet, tous les faits physico-chimiques ne sont, on le sait, que des mouvements diversement combinés, s'enchaînant tous les uns aux autres, se transformant les uns dans les autres, mais de telle façon que la somme totale de mouvement existant dans l'univers demeure constante. Déterminisme et mécanisme, tel est donc encore le résumé des sciences physiques.

Si nous passons aux sciences du concret, aux sciences naturelles, le même déterminisme mécaniste nous apparaîtra encore comme régissant les êtres non vivants, les êtres qui ne manifestent que des propriétés mathématiques et physico-chimiques. Mais en nous élevant de ces êtres aux êtres vivants, nous voyons une différence apparaître. L'être vivant n'est plus déterminé à agir uniquement par des forces qui du dehors s'exercent sur lui : il possède en lui-même un principe d'action, il est capable de déterminations spontanées. Cette « spontanéité » est l'apanage de tout être vivant, car tout être vivant se dirige de lui-même vers le milieu qu'il trouve le plus favorable à son existence. Mais si nous nous élevons encore, et si des êtres simplement vivants nous passons aux êtres pensants, nous trouvons que cette spontanéité s'accentue : toute physiologique chez la plante, cette spontanéité devient consciente chez l'animal, réfléchie et volontaire chez l'homme. L'homme n'a plus seulement la spontanéité, il a véritablement la « liberté », le choix autonome de ses déterminations et de ses actions. Les causes sans doute continuent en lui à produire leurs effets ; les impressions qu'il reçoit du dehors contribuent à produire ses actions ; mais elles ne le font que parce qu'il le sait, et parce qu'il y consent. La liberté ainsi se superpose au déterminisme sans le détruire. — Et de même, chez l'homme, au mécanisme physique se superpose, sans le détruire, ce qu'on a nommé la « finalité ». En vertu du mécanisme, la cause est antérieure à l'effet. Mais, chez l'homme, l'effet est aussi, d'une certaine façon, antérieur à la cause. Car l'homme prévoit les effets de ses actes, avant de les accomplir, et c'est même en vue de produire ces effets qu'il accomplit ses actes. L'effet prévu est donc ici, en partie tout au moins, la cause de l'acte qui le réalisera : il est ainsi, d'une certaine façon, antérieur à sa propre cause. Le but poursuivi par l'homme, la fin voulue par lui, est donc un élément essentiel de son activité : et c'est ce qu'on nomme la finalité humaine, en l'opposant au mécanisme brutal et inconscient de la nature.

Ce que nous venons de dire semble établir une barrière infranchissable entre la nature et l'humanité, entre les différentes classes d'êtres qui peuplent le monde. Il n'en est rien cependant. Tout, dans la nature, se fait par transitions insensibles et sans solution de continuité. Nous avons trouvé dans le monde trois sortes d'êtres : minéraux, doués de force; végétaux, doués de force et de vie; animaux, doués de force, de vie et de pensée. Mais la force confine à la vie, et la vie à la pensée. Entre les végétaux et les animaux, il existe des êtres intermédiaires, ces protozoaires ou protistes qui, tout en étant des êtres vivants, ne présentent nettement ni les caractères des végétaux, ni ceux des animaux, et qu'on doit placer à la base commune des deux groupes. Et ces mêmes protistes forment encore la transition entre les êtres vivants et les êtres inanimés; car par leurs formes régulièrement géométriques, par leur squelette minéral, ils rappellent les cristaux, au-dessus desquels leur vie bien peu active les élève à peine. — Ainsi il existe des transitions entre les diverses formes d'être. Mais l'on peut aller plus loin, et penser que ces formes peuvent se transmuer les unes en les autres. L'observation des naturalistes en effet, et notamment les belles expériences de Charles Darwin, ont montré combien les formes animales sont variables. D'un très grand nombre de faits accumulés par les sciences naturelles, on peut conclure que les êtres se modifient incessamment, afin de s'adapter d'une manière sans cesse plus parfaite au milieu dans lequel ils vivent. Et dès lors on est amené à penser que, les êtres se perfectionnant sans cesse par cette adaptation, les formes les plus rudimentaires ont pu, au bout d'une longue suite de temps, donner naissance aux formes les plus élevées; que dans le minéral, par des actions chimiques dont le secret nous échappe, a pu jaillir la vie; que dans l'être vivant, par un progrès de la structure générale et surtout de l'appareil nerveux, a pu apparaître un jour la pensée. Si bien que la nature aurait passé des existences les plus humbles aux existences les plus hautes, par une lente évolution.

C'est encore dans l'idée d'évolution, de progrès, que se résument les sciences sociales. Ces sciences nous montrent, en effet, que l'homme cherche toujours « le meilleur », c'est-à-dire qu'il se décide toujours pour les actes qui lui paraissent entraîner un progrès matériel ou moral dans sa condition. Ce progrès a affecté successivement plusieurs formes :

1° Le progrès matériel a commencé le premier à se réaliser. Le premier besoin qu'ait senti l'homme a été celui de pourvoir aux nécessités de la vie matérielle (manger, boire, dormir, se vêtir, etc.). De là l'invention des arts utiles, qui fut sa première invention.

2° Mais bientôt, pour perfectionner ces arts utiles eux-mêmes, il fallut acquérir quelques notions scientifiques. Pour régler la culture, il fallut mesurer les champs : ce fut l'origine de la géométrie. Pour construire les premières machines, il fallut connaître les lois de la pesanteur : ce fut l'origine de la mécanique et de la physique. Ainsi les premières sciences ne furent, au début, que des dépendances des arts utiles. Ce n'est que plus tard que l'homme, y prenant intérêt, apprit à les cultiver pour elles-mêmes. Telle fut l'origine du progrès scientifique.

3° Quand l'homme eut pourvu, par ces moyens, aux nécessités les plus pressantes de son existence, il continua à agir « pour agir » ; de là le jeu, qui engendra l'art, lequel, de grossier qu'il était à l'origine, devint par la suite des temps de plus en plus parfait. Ce fut là le progrès esthétique.

4° Vint enfin le progrès moral et politique. Les premières relations des hommes entre eux étaient réglées seulement par la loi du plus fort. Mais nécessairement il vint un moment où l'on reconnut les dangers de cet état pour le plus grand nombre. Les hommes furent donc amenés peu à peu à régler par des conventions leurs rapports réciproques ; par là s'introduisit l'idée de l'équité, de la justice. Puis l'idée de la mansuétude, de la charité, de la fraternité universelle, naquit par l'adoucissement des mœurs de la famille, et sous l'influence de la religion et de la philosophie. Tels sont les deux grands progrès accomplis dans l'ordre moral. — Dans l'ordre politique, de même, à l'arbitraire des premiers chefs dut se substituer progressivement un régime qui assurât aux faibles plus de garanties ; on en arriva à substituer la liberté de chacun au pouvoir d'un seul, et l'égalité de tous à la supériorité de quelques privilégiés.

Voilà, très brièvement résumées, les principales phases du progrès que montre l'histoire des sociétés humaines. Ce qu'il faut surtout en retenir, c'est moins le détail de ces phases que l'idée générale qui s'en dégage : l'idée du progrès. Les sciences sociales ne sont autre chose, en somme, que l'étude de la façon dont s'est accompli ce progrès, comme les arts sociaux ne sont que l'étude des moyens propres à hâter actuellement sa marche. Ainsi les sciences sociales montrent essentiellement l'effort de l'homme vers le meilleur. Comme les sciences naturelles, elles se résument en un mot : l'aspiration des formes inférieures vers les formes plus hautes, l'*évolution*.

CHAPITRE XIII

CONCLUSIONS GÉNÉRALES DES SCIENCES
LA LOI D'ÉVOLUTION

Nous venons de voir quelles sont les conclusions des sciences particulières. Toutes, en somme, nous montrent dans le monde le développement de certaines forces, suivant un lien rigoureux de la cause et de l'effet. Seulement, au déterminisme et au mécanisme des sciences abstraites, les sciences concrètes ajoutent les notions de liberté et de finalité, qui se superposent aux premières sans les détruire : et ce point de vue des sciences concrètes est le plus vrai et le plus profond, puisque ces sciences sont celles qui sont le plus directement en contact avec la réalité mouvante et vivante. Ce que ces sciences nous révèlent surtout, c'est l'évolution, c'est le progrès de l'univers. Et cette idée d'évolution est celle qui synthétise le mieux les conclusions de toutes les sciences. C'est l'évolution qui est cette loi suprême du monde, que nous cherchons. Il nous faut donc esquisser à grands traits les principales phases de l'évolution universelle.

L'univers paraît avoir été à l'origine une masse confuse, chaotique, où rien ne s'était encore organisé, où toutes les parties étaient sensiblement homogènes. Ultérieurement, par suite d'actions inconnues, cette masse s'est divisée en plusieurs fractions qui ont commencé à se différencier les unes des autres. Le monde est alors devenu hétérogène, c'est-à-dire composé d'éléments divers. — Mais en même temps qu'ils se diversifiaient, ces éléments apprenaient peu à peu à se combiner, à se coordonner entre eux. Ainsi, à la confusion primitive tendait à se substituer une organisation rudimentaire. Le monde allait donc ainsi « de l'homogénéité confuse à l'hétérogénéité coordonnée » (Herbert Spencer), ce qui revient à dire qu'il devenait à la fois plus multiple et plus un.

La masse primitive a ainsi formé les nébuleuses, qui elles-mêmes en se dissolvant ont produit les astres (hypothèse de Laplace). L'un de ceux-ci est la terre. D'abord en ignition, la terre en se refroidissant se divisa, et par là se formèrent les minéraux. Ceux-ci se modifièrent et se compliquèrent peu à peu, sous l'influence d'actions et de réactions chimiques, jusqu'à ce qu'un jour une action chimique plus complexe que les autres (et dont le secret nous échappe) y fît jaillir la *vie* sous la forme rudimentaire du protoplasma, sous l'aspect sans doute du plus simple des protozoaires. Ce protoplasma grandit peu à peu, puis il se divisa. Mais les diverses cellules formées par division d'une même cellule-mère apprirent à leur tour à rester unies, à s'associer les unes aux autres pour se prêter un mutuel appui; le protoplasma simple et diffus donna ainsi naissance au corps composé, aux cellules unies, par le double progrès (signalé plus haut) dans la multiplicité et dans l'unité. C'est ainsi que furent formés les végétaux et les minéraux : une fois formés, ils se développèrent de la même façon, en perfectionnant leurs membres et en les coordonnant en vue de l'entretien de l'existence commune. Pour assurer cette existence, ces organismes durent lutter entre eux ; car la quantité d'aliments répandue à la surface de la terre est tout à fait insuffisante pour nourrir tous les germes qui sont annuellement produits par les êtres vivants (loi de Malthus). Il faut donc que beaucoup de ces germes périssent, qu'un petit nombre seulement subsiste. Ceux-là subsisteront qui auront le plus d'avantages dans la « lutte pour la vie ». Et ces avantages eux-mêmes peuvent être de deux sortes : les uns sont transmis à l'être par les organismes de ses ancêtres; ils constituent pour lui des caractères héréditaires ou innés; les autres au contraire sont acquis par lui-même, au cours de sa propre existence; car, pour vivre, il est obligé de s'adapter à son milieu, et dans cette adaptation bien souvent il se modifie. L'hérédité et l'adaptation, voilà donc les deux grands facteurs de l'évolution des êtres vivants. Ceux qui possèdent les caractères héréditaires les plus parfaits, ou qui ont su le mieux s'adapter, survivent seuls, comme si la nature les avait choisis : c'est la sélection naturelle des meilleurs (Charles Darwin). Et comme, pour subsister contre tous ses rivaux, il faut que l'être se perfectionne sans cesse, on comprend la continuité du progrès chez les êtres vivants. C'est par le fait de ce progrès que du protoplasma sont dérivés des êtres plus parfaits, qui ont donné naissance aux végétaux et aux animaux. Les premiers ont été d'abord les plus heureux, d'où leur profusion et leur développement gigantesque dans les premières périodes géologiques. Mais le fait même qu'ils trouvaient aisément leur nourriture sur le sol les a fixés à la terre et a arrêté chez eux tout progrès. Les animaux au contraire, moins heureux tout d'abord et obligés de ramper sans cesse sur le sol pour y trouver de maigres aliments, y ont gagné de développer leurs organes locomoteurs, leurs organes des sens, et leur système nerveux. Or, c'est par le système nerveux que peut surtout se faire le progrès, car c'est lui qui, en dominant tous les autres organes, centralise tous leurs efforts, et donne à l'être son unité. C'est donc par le développement et le perfectionnement du système nerveux que s'est marqué le progrès dans l'animalité, et c'est son développement extraordinaire qui, en permettant l'apparition des formes les plus hautes de la pensée, a fait la supériorité de l'homme sur tous les êtres animaux.

Une fois formé, l'homme évolue lui-même, suivant les étapes que nous avons marquées au précédent chapitre, vers le bien-être matériel, vers la vérité, vers la beauté, vers la justice et le bien. Et cette évolution de l'homme, comme celle de la nature, n'a pas de raison pour s'arrêter. On ne voit pas pourquoi le progrès ne serait pas constant, pourquoi l'homme et la nature entière ne pourraient pas continuer indéfiniment à s'approcher sans cesse plus près de l'idéal auquel ils aspirent. Tout nous porte à croire que l'évolution se poursuivra dans le même sens, et que les générations qui nous suivront, recueillant le prix de nos efforts, seront meilleures et plus heureuses que nous-mêmes.

Tel est donc, en bref, le principe qui préside au développement du monde, le principe que nous enseignent les sciences de la réalité concrète. La loi suprême de l'univers est l'évolution vers le bien.

Mais, s'est-on demandé, ces êtres qui évoluent ainsi, que sont-ils en eux-mêmes? quelle est la substance qui les compose? A cette question, bien des réponses diverses ont été données. Pour les uns, il faudrait distinguer des êtres entièrement matériels (minéraux), des êtres formés de matière et d'esprit (animaux supérieurs, homme), et, entre les deux, des êtres sur la nature desquels on hésite (végétaux, animaux inférieurs). Mais les difficultés de cette solution ont fait penser à d'autres philosophes que tous les êtres devaient être formés d'une unique et même substance, soit esprit (philosophes spiritualistes), soit matière (philosophes matérialistes), soit substance neutre dont l'esprit et la matière ne seraient que des formes (philosophes panthéistes). — Ces questions ne sont pas du ressort de la science : elle en réserve la solution à la métaphysique. Il lui suffit à elle-même d'étudier les faits, et d'en établir les lois.

SECONDE PARTIE

PHILOSOPHIE MORALE

CHAPITRE XIV

LA LOI MORALE

La philosophie morale, nous l'avons dit, doit s'appuyer sur la philosophie scientifique, comme l'action doit s'appuyer sur la connaissance. Le principe qui doit régir notre conduite va donc nous être indiqué par le principe même qui régit l'univers.

On a beaucoup discuté pour savoir quel est ce principe qui doit régir notre conduite, quel est le but, la fin que nous devons poursuivre dans notre existence. Pour les uns, nous devrions chercher le plaisir ; mais le plaisir est chose instable, mobile, et qui ne peut donner à notre conduite la règle fixe dont elle a besoin. Pour d'autres, c'est notre intérêt personnel que nous devons chercher avant tout : mais l'homme qui ne cherche que son intérêt personnel est odieux à tous ses semblables, et, par là même, il ne peut être pleinement heureux. Pour d'autres encore, nous devons, dans toute notre conduite, agir par sympathie, par affection pour nos semblables : voilà un principe plus noble déjà, mais insuffisant encore ; car la sympathie et l'affection sont des sentiments irréfléchis, non raisonnés, et qui risquent de nous égarer. D'autres philosophes, enfin, ont dit que nous devions en ce monde « faire notre devoir[1] » ou encore « nous rendre semblables à Dieu[2] ». C'est dans ces doctrines que se trouve, croyons-nous, la vérité. Seulement il ne suffit pas de dire que nous devons faire notre devoir : il faut dire en quoi consiste ce devoir ; il ne suffit pas de dire qu'il faut nous rendre semblables à Dieu : il faut dire comment nous pourrons y parvenir. Il faut, en un mot, préciser les formules précédentes. — Mais, pour le faire, nous n'avons qu'à nous reporter aux conclusions de la philosophie scientifique.

La loi suprême de l'univers, nous l'avons vu, est

1. Telle est la doctrine des Stoïciens (Zénon, Sénèque, Épictète, Marc-Aurèle), opposés aux Épicuriens (Lucrèce), défenseurs du plaisir et de l'intérêt. Telle est aussi, avec plus de rigorisme encore, la doctrine d'un illustre philosophe allemand du siècle dernier, Emmanuel Kant, qui l'expose dans son célèbre ouvrage intitulé « Critique de la Raison Pratique ».

2. Tel est le sens de la doctrine morale de Platon, et aussi de la doctrine morale du Christianisme.

l'évolution vers le bien, le progrès. Cette loi s'impose à l'homme, ainsi qu'aux autres êtres, mais non entièrement de la même façon. Elle s'impose aux autres êtres, comme la loi de la pesanteur par exemple s'impose au minéral; elle s'impose à eux, en un mot, comme une loi physique dont l'action nécessaire ne peut être évitée. Mais il n'en est plus de même pour l'homme. L'homme, nous l'avons vu, est libre, il est maître de ses actions : aucune loi ne peut physiquement le contraindre à agir. Seulement il sent bien qu'il doit agir dans un certain sens, dans le même sens que le reste de l'univers : son intelligence lui dit que là est le bien, là est le bonheur. Se sentant libre, il se sent responsable de ses actions : il sent qu'il en aura le mérite ou le démérite, la récompense ou le châtiment; et alors il agit librement dans le sens qu'il croit le meilleur. Ainsi la loi du progrès s'impose à lui, non plus nécessairement et comme une loi physique, mais librement et comme une loi morale.

En un mot donc, « travailler au progrès », telle est la loi de la conduite humaine. Et, en suivant cette loi, l'homme fera son devoir, et il se conformera aux desseins de Dieu. Mais comment l'homme peut-il travailler au progrès? C'est ici que la formule de la « loi morale » va se préciser. L'homme peut travailler au progrès de deux façons : en se perfectionnant lui-même, en perfectionnant ses semblables. Chaque homme, en effet, est une « personnalité morale », c'est-à-dire un être doué de raison et de liberté, capable de comprendre la loi morale et de la suivre. Donc chaque homme doit d'abord pour son compte se conformer à la loi morale : et c'est ce qu'on peut nommer le devoir de l'homme envers lui-même ; et chaque homme, de plus, doit respecter la loi morale en autrui : et c'est là ce qui constitue le devoir de l'homme envers ses semblables. Ce sont ces divers devoirs que nous allons maintenant examiner plus en détail.

CHAPITRE XV

DEVOIRS ENVERS NOUS-MÊMES

Nous avons tout d'abord des devoirs envers nous-mêmes. Êtres raisonnables et libres, capables de comprendre et de faire le bien, nous avons par là même une dignité qui nous élève au-dessus des autres êtres de la nature. Et cette dignité personnelle, nous devons la sauvegarder. De là nos devoirs envers nous-mêmes.

Quels sont maintenant ces devoirs? Comment se divisent-ils et s'harmonisent-ils entre eux?

Notre être comprenant un esprit et un corps, nous avons des devoirs envers notre esprit et envers notre corps. Mais tous deux ne font pas partie de notre personnalité au même titre, avec une importance égale : le corps y est subordonné à l'esprit. Par suite, nos devoirs envers notre corps doivent être subordonnés à nos devoirs envers notre esprit.

1° *Devoirs envers l'esprit.* Nous trouvons dans

notre esprit un certain nombre de facultés, intelligence, sensibilité, volonté, qui tendent toutes à se développer. Notre devoir est donc d'aider à cette extension et de la diriger dans le sens le meilleur. Mais, en outre, comme chacune de nos facultés tend à s'emparer de la prééminence et à s'assujettir les autres, il y a parfois conflit entre elles. De là un nouveau devoir : celui de mettre l'harmonie entre nos diverses facultés.

α. **Devoirs envers l'intelligence.** Nous devons étendre notre intelligence, c'est-à-dire « apprendre ». Mais que faut-il apprendre pour arriver au bien ? D'abord les vérités morales qui se rapportent à ce bien lui-même ; puis les notions techniques relatives à la situation que nous occupons dans le monde ; enfin le plus possible de notions scientifiques de toute sorte. Les anciens désignaient ces devoirs sous le nom de « sagesse ».

β. **Devoirs envers la sensibilité.** Pour certains moralistes, Kant et les Stoïciens entre autres, nous devrions chercher à détruire notre sensibilité. Mais c'est une erreur de leur part. Nous ne devons pas essayer de détruire la sensibilité, d'autant plus que nous ne le pourrions pas. Il nous faut seulement empêcher la sensibilité de prendre un développement exagéré, et la ramener à des limites telles qu'elle ne domine pas l'intelligence, mais au contraire lui soit subordonnée, et lui serve d'aide et d'appui. Nous devons donc imposer certaines mesures à notre sensibilité : nous ne devons pas nous permettre tous les plaisirs, parce qu'un excès de plaisir nuit au développement de l'intelligence. C'est ce que les anciens nommaient la « tempérance ».

γ. Devoirs envers la volonté. La volonté étant libre, nous devons faire qu'elle reste libre, qu'elle se développe et aille sans cesse en se perfectionnant : nous ne devons donc asservir notre volonté ni à la volonté d'autrui (servilité) ni à nos passions (« servitus humana » de Spinoza). Mais ce n'est pas asservir sa volonté que lui imposer le joug du bien : au contraire, c'est la développer ; c'est lui donner toute sa valeur, puisque la volonté parfaite est celle qui se dirige vers le bien. Il nous faut donc guider notre volonté vers le bien. Mais on n'arrive pas au bien du premier coup ; mille obstacles nous arrêtent dans la voie qui nous y mène ; pour surmonter ces obstacles, il faut du « courage ». Le courage affecte bien des formes : courage militaire, courage civique, patience dans l'adversité, modération dans le bonheur. Le courage, que les anciens mettaient à côté de la sagesse et de la tempérance, est ainsi la vertu propre de la volonté.

δ. Devoirs qui ont pour objet l'harmonie des facultés spirituelles. Il nous faut, en dernier lieu, mettre l'harmonie entre nos facultés spirituelles. C'est la « justice » qui y pourvoit. La justice en effet, comme l'a montré Platon, ce n'est pas seulement la vertu qui préside aux rapports des hommes entre eux, mais aussi la vertu qui préside aux rapports des diverses parties d'un même être. Ce rôle de la justice dans l'âme est aisé à concevoir. Déjà, dans l'intelligence, nous trouvons la « justesse », qui équilibre entre eux tous les éléments de l'intelligence elle-même : l'intelligence juste est celle qui, sans se distinguer nécessairement par aucune qualité saillante, sait prendre à chaque qualité ce qu'elle a d'essentiel et d'indispensable pour en composer un tout un et harmonieux. Eh bien, la justice fera de même : entre nos diverses facultés elle mettra l'harmonie. Elle réglera nos trois facultés de l'intelligence, de la sensibilité et de la volonté, en vue de les faire contribuer à la perfection du tout; par là même elle les coordonnera entre elles, elle les dirigera dans une voie commune, elle fera d'elles, non plus des rivales, mais des auxiliaires et des alliées : elle sera donc bien, dans l'esprit, le principe de paix et d'harmonie. Tel est l'ensemble des devoirs que nous avons envers notre esprit.

2° *Devoirs envers le corps.* Ces devoirs sont de deux sortes : nous devons conserver et développer le corps; nous devons le subordonner toujours à l'esprit.

Si le corps doit être conservé, il faut, malgré l'opinion des Stoïciens, proscrire sévèrement le suicide, du moins en règle générale. En effet, le but de la vie humaine est la perfection; le moyen d'y atteindre est la vertu. Donc, tant qu'un acte vertueux est possible, ne fût-ce qu'un acte de résignation, l'homme qui doit l'accomplir ne doit pas quitter la vie. Le suicide est contraire à nos devoirs envers nous-mêmes : il est un manque de courage, car il faut plus de courage pour supporter les maux que pour y échapper par la mort. De plus, il est contraire à nos devoirs envers nos semblables, envers notre famille, envers notre patrie.

Nous ne devons pas seulement conserver notre corps, nous devons aussi le développer. Pourtant, il ne faut pas exagérer les soins auxquels il a droit. Il ne lui faut donner ni trop, ni trop peu d'attention. L'ascétisme et la sensualité s'éloignent également du juste milieu; tous deux nuisent au corps, en sens contraire; tous deux sont également blâmables.

Enfin, nous devons subordonner le corps à l'esprit, et le faire servir à la bonne activité de l'intelligence. Nous devons même, s'il en est besoin, sacrifier le corps à l'esprit. Quand d'impérieux devoirs envers nos semblables, envers la justice ou envers la vérité, exigent le sacrifice de notre corps, nous ne devons pas hésiter à l'accomplir : ce sacrifice est alors un acte de courage et de vertu. Loin de mériter le blâme qui s'attache au suicide, il est digne de l'éloge qui récompense le dévouement.

CHAPITRE XVI

DEVOIRS ENVERS NOS SEMBLABLES

L'existence de nos devoirs envers nos semblables
n'a jamais été sérieusement contestée. Nul ne nie,
en effet, que nous devions respecter la personne de
nos semblables, et partant qu'ils aient le droit de
la faire respecter par nous. Mais ce qui soulève des
controverses, c'est le fondement de ces devoirs et
de ces droits.

Pourquoi nos semblables ont-ils droit à notre
respect? C'est, dit-on parfois, parce qu'ils ont la
force de se faire respecter. Le droit en effet, — si
nous en croyons une théorie assez répandue, surtout
en Allemagne, — serait attaché à la force. Le droit
appartiendrait à la force. — En réalité, rien n'est plus
faux, ni plus dangereux même que cette théorie.
La force est un pouvoir physique, le droit est un
pouvoir moral. Et on ne voit pas pourquoi le pouvoir physique entraînerait nécessairement avec lui

le pouvoir moral. Au contraire, il est des droits qu'il faut reconnaître à la faiblesse : l'enfant a droit à être respecté, plus peut-être encore que l'homme mûr, précisément parce qu'il n'a pas la force de se défendre. Donc le droit n'est pas nécessairement l'apanage de la force. Admettre cette théorie, ce serait justifier toutes les violences, toutes les injustices.

Pour d'autres philosophes — nombreux surtout en Angleterre — nos semblables ont droit à être respectés par nous, parce qu'ils y ont un intérêt majeur. Le droit appartient à l'intérêt. — Cette théorie s'éloigne moins de la vérité, car il est certain que nos semblables ont intérêt à être respectés par nous. Toutefois, on ne voit pas encore comment, à lui seul, cet intérêt suffirait à leur donner un droit. Car, enfin, il est des intérêts, même majeurs, qui ne sont pas respectables (par exemple, l'intérêt qu'a le voleur à conserver la chose volée); et pourtant tous devraient l'être, s'il était vrai que tous fussent capables de fonder un droit. L'intérêt ne suffit donc pas plus que la force à créer un droit.

D'où vient donc ce droit qu'ont nos semblables à notre respect ? Il vient de ce qu'ils sont eux-mêmes des personnalités, douées de raison et de liberté; de ce qu'ils ont eux-mêmes un devoir à remplir, le devoir de travailler à leur propre perfectionnement et au perfectionnement universel; de ce que cette fin, à laquelle ils sont destinés, commande notre respect et veut que nous la laissions s'accomplir sans trouble, que nous aidions même à son accomplissement. C'est donc en somme parce qu'ils ont un devoir envers l'idéal que nos semblables ont un droit sur nous, et que nous avons des devoirs envers eux.

Par là même, nous voyons immédiatement quels sont les droits que nos semblables ont sur nous, et quels sont par suite les devoirs que nous avons envers eux. Ces devoirs sont doubles : nous ne devons pas empêcher nos semblables d'accomplir leur devoir, d'atteindre leur propre fin; nous devons les aider à atteindre cette fin. Les premiers sont des devoirs d'*abstention*, les seconds des devoirs d'*action*, parce que les premiers nous ordonnent seulement de ne pas nuire à nos semblables, tandis que les seconds nous prescrivent d'agir pour les aider. Les premiers sont des devoirs de *justice*, et ils sont munis d'une sanction sociale, car la loi frappe ceux qui y manquent; les seconds sont des devoirs de *charité*, et, s'ils sont obligatoires moralement, la loi civile ne peut contraindre personne à s'y conformer.

1° *Devoirs de justice.* Leur formule est : « Ne fais pas à autrui ce que tu ne dois pas vouloir qu'on te fasse. » Ces devoirs peuvent se diviser en trois groupes :

α. Devoirs envers le corps de nos semblables. Nous devons respecter leur sécurité personnelle. Nous ne devons point attenter à leur liberté : l'esclavage des anciens, que pratiquent encore nombre de nations asiatiques et africaines, et le servage du moyen âge[1], sont également réprimés par la loi civile et par la loi morale; de même l'une et l'autre loi nous interdisent d'abuser de notre pouvoir sur les êtres plus faibles que nous (administrés, domestiques, enfants) : car notre pouvoir nous est donné, non dans notre intérêt, mais dans le leur : et c'est pour faire le bien que la nature et la loi nous en ont revêtu[2].

β. Devoirs envers l'esprit de nos semblables. Nous devons leur laisser la liberté de penser, de dire, d'écrire ce qu'ils veulent, pourvu que cela ne trouble

1. Le servage du moyen âge diffère de l'esclavage antique en ce que : 1° le serf était attaché à la glèbe (c'est-à-dire à la terre) et non à la personne du maître; 2° le serf avait une famille; 3° la communauté de religion, due au christianisme, faisait que son sort était moins éloigné du sort de son maître.

2. C'est la même raison qui veut que nous n'abusions pas de notre force envers les animaux.

pas l'ordre social. Nous devons respecter leurs opinions en toutes matières, et surtout dans les questions où l'être moral est le plus directement intéressé, les questions philosophiques et religieuses. Nous devons, en un mot, laisser à tous les hommes la liberté de conscience, pratiquer envers toutes les doctrines la tolérance la plus large.

γ. Devoirs envers les biens de nos semblables. Enfin, nous devons respecter les biens de nos semblables, qui sont comme le complément de leur personnalité. Ces biens en effet doivent nous être sacrés, quand ils sont le produit de leur travail. Et lors même qu'ils ne le sont pas — par exemple lorsqu'ils leur sont advenus par héritage — nous devons respecter encore la loi civile qui les a assignés à leur propriétaire actuel, parce que cette loi a été faite dans l'intérêt général et que son application empêche entre les hommes les conflits si funestes à tous.

2° *Devoirs de charité*. La formule de ces devoirs est : « Fais à autrui ce que tu devrais vouloir qu'on te fît. » La justice nous ordonne de ne pas tuer, la charité, de faire vivre; la justice prescrit de ne pas voler, la charité, de faire l'aumône; la justice veut que nous laissions librement penser les autres hommes, la charité veut que nous éclairions leur intelligence. La justice nous dit de respecter nos semblables; la charité, de nous dévouer pour eux.

La charité est donc une collaboration active au perfectionnement d'autrui. Elle est donc, en ce sens, supérieure à la justice, car celle-ci n'est que l'obéissance réfléchie à une règle stricte, tandis que celle-là est un élan spontané du cœur. — Mais cela même nous montre que la charité est capable d'égarement, à l'inverse de la justice. Car, pour éclairer l'intelligence de nos semblables, nous pourrons être tentés de leur imposer des idées auxquelles ils répugnent, de violer leur liberté de penser; ce que la justice, elle, ne fera pas. — La justice, en un mot, est plus mesurée; la charité est plus ardente. Le défaut de la première, c'est d'être parfois trop froide; le défaut de la seconde, c'est de pouvoir s'égarer. L'idéal serait une charité qui ne porterait jamais atteinte à la justice.

CHAPITRE XVII

DEVOIRS ENVERS LA FAMILLE

Il est évident que les devoirs de l'homme ne sont pas égaux envers tous ses semblables. Certains êtres, eux, ont droit de notre part à plus d'égards que les autres, parce qu'ils nous sont attachés, soit par les liens du sang, soit par le lien d'une commune patrie. C'est pourquoi nous avons des devoirs particuliers envers les êtres qui composent notre famille et notre patrie, et envers cette famille et cette patrie elles-mêmes.

Voyons d'abord les devoirs envers les membres de notre famille, et les devoirs envers la famille elle-même, considérée comme un être distinct et collectif.

Devoirs envers les membres de la famille. Ces devoirs sont fondés à la fois sur les liens qu'établit la vie de famille, et sur les liens qui résultent de la communauté d'origine. Ces deux sortes de liens

sont indépendants les uns des autres, et chacun suffirait pour nous constituer des devoirs : la vie de
famille, sans communauté d'origine, est suffisante
pour créer aux époux des devoirs réciproques ; et
inversement la communauté d'origine suffit pour
nous obliger envers des parents avec qui nous ne
vivons pas.

En thèse générale, les devoirs envers les membres
de notre famille ne sont que nos devoirs ordinaires
envers nos semblables, mais devenus plus impérieux par le fait de la parenté. Ici les devoirs
d'abstention ne sont plus seuls imposés ; les devoirs
d'action acquièrent le même degré de rigueur. La
justice ne suffit plus entre parents : il faut la charité,
il faut l'amour.

Envisageons spécialement les plus importants de
ces devoirs, ceux des parents envers leurs enfants,
et ceux des enfants envers leurs parents.

Les parents ont fait la personnalité de leur enfant.
C'est un bien qu'ils lui ont donné, puisque la vie
est un bien. Mais, par le fait seul qu'ils lui ont
donné ce bien, l'existence, ils doivent faire en sorte
qu'il en puisse jouir. Ils doivent donc élever leur
enfant, pourvoir à ses besoins matériels, lui donner
une éducation morale, et une instruction scientifique et technique générale et spéciale, qui le mettent

à même d'être un jour utile à lui-même et aux autres, qui fassent de lui un homme dans le sens le plus élevé du mot.

En retour, les parents ont sur leur enfant le pouvoir paternel. Ce pouvoir est fondé exclusivement sur l'intérêt de l'enfant lui-même, qui ne pourrait avoir de meilleurs gardiens que ses parents. De là résulte que ce pouvoir a des bornes : les parents ne peuvent s'en servir que dans la limite où l'intérêt bien établi de l'enfant en justifie l'emploi. C'est ainsi qu'ils ne sauraient, par exemple, forcer leur enfant à embrasser une profession qui répugne à ses goûts, parce que son intérêt le leur défend.

Les devoirs des enfants envers les parents sont l'obéissance (devoir matériel), le respect (devoir de l'intelligence), l'amour (devoir du cœur).

Devoirs envers la famille. La famille, considérée abstraitement, forme un tout qui a son unité, ses parties, ses membres, ses chefs, qui a une histoire, des traditions, un esprit, un caractère à elle; qui est, en un mot, une véritable personne morale. Nous devons respecter cette personne morale, contribuer au progrès de ce corps dont nous sommes un membre. Et pour cela nous devons accepter l'autorité du chef de la famille, signe visible de l'unité morale de cette maison; nous devons, par nos efforts et par notre bonne volonté, collaborer à l'œuvre du chef de famille et lui rendre sa tâche moins lourde. Nous devons suivre les traditions de probité et de vertu léguées par les ancêtres, et qui sont le patrimoine commun de la famille. Nous devons travailler au bien de tous les membres qui la composent, la faire aimer et respecter au dehors. En un mot, nous devons faire honneur, par tous les moyens en notre pouvoir, à la maison de laquelle nous sortons.

CHAPITRE XVIII

Comme la famille, l'État est une personne
morale, ayant sa vie et sa personnalité propres. Ce
qui constitue une nation, une patrie, c'est moins la
communauté de territoire ou même la communauté
de race de ses habitants, que les souvenirs et les
traditions historiques, que l'union de tous les
esprits et de tous les cœurs. — Pour comprendre
que nous ayons des devoirs envers l'État, il nous
faut exposer brièvement comment il s'est formé.

L'État s'est d'abord formé et développé à la façon
d'un organisme animal. On sait que l'organisme se
forme par la division d'une cellule unique, qui
donne naissance à plusieurs autres, lesquelles restent associées entre elles, et se divisent le travail,
chacune s'adaptant à une fonction distincte. Il en a
été de même pour l'État. L'État est issu d'un couple
primitif, dont les descendants sont restés unis entre

eux pour constituer une famille; cette famille, en
s'étendant, est devenue une tribu, puis une nation.
Les membres de cette famille, restant unis, se sont
eux aussi partagé le travail, chacun se chargeant
d'une fonction spéciale, d'après ses aptitudes et ses
goûts propres. Mais peu à peu la tribu, en s'étendant,
en occupant une surface territoriale plus vaste, a dû
nécessairement se fractionner : et de là la division
des nations.

Ainsi, la formation de la société peut être comparée point par point à la formation d'un organisme
animal. Cependant une différence importante existe
entre ces deux cas. Les cellules dont est formé l'organisme animal n'ont ni intelligence, ni liberté :
elles subissent dans leur développement des lois
qu'elles n'ont point faites. Au contraire, les individus dont la réunion compose la société humaine
sont pleinement intelligents et libres. Ils n'agissent
que comme il leur plaît, ils ont en eux-mêmes le
principe de leurs déterminations. Ainsi, s'ils restent
associés entre eux, ce n'est plus, comme les cellules organiques, parce qu'ils y sont contraints par
une loi naturelle et fatale, c'est parce qu'ils le veulent bien; c'est parce que, ayant reconnu les avantages de l'association, ils ont résolu de la maintenir.
Leur union est donc le résultat d'une véritable

entente entre eux, d'un contrat. Sans doute, ils n'ont pas formé expressément un pacte solennel en vertu duquel ils s'obligent à demeurer en société; mais, par le seul fait d'être restés associés et d'avoir accepté les avantages de la vie commune, ils se sont tacitement engagés à en accepter aussi les charges. Et c'est cet engagement que chacun de nous prend encore tacitement en restant au sein de la société. Rien ne le force à y rester, puisqu'il peut librement émigrer; mais, s'il y reste, il consent par là même à supporter les obligations de la vie sociale : et c'est là le « contrat social », passé tacitement entre chacun de nous et tous les autres membres de l'État.

Pourquoi avons-nous passé ce contrat? Pour jouir des avantages de la vie sociale : sécurité, protection de la loi, aide commune de tous les concitoyens. Mais à quelle condition nos semblables ont-ils consenti à le passer avec nous? A condition que nous renoncions nous-mêmes à commettre les actes qui seraient attentatoires à leurs droits. En d'autres termes, nous avons passé ce contrat pour que nos concitoyens garantissent nos propres droits, et ils l'ont passé pour que nous garantissions les leurs. En un mot, chacun des contractants a, par ce contrat, aliéné une partie de la liberté (la liberté de nuire à ses semblables), pour mieux assurer le reste de sa liberté, dans la limite où elle ne nuit pas à autrui. Le contrat social est donc un pacte souverainement équitable ; et l'établissement de l'État a eu pour but et pour effet de faire régner la justice parmi les hommes.

De ce contrat sont nés, à la charge de l'individu et de l'État, des droits et des devoirs réciproques. Établir les devoirs de l'individu, ce sera établir les droits de l'État. Établir les devoirs de l'État, ce sera établir les droits de l'individu.

1° *Devoirs de l'individu envers l'État.*

En premier lieu, nous devons obéir aux lois civiles de notre patrie. Si nous y manquons, l'État a le droit de nous frapper. Ce droit de punir a un triple fondement :

α. Il a d'abord pour but la répression de la faute commise. S'il n'y avait pas de société, chacun de nous aurait le droit de punir lui-même ses agresseurs. Mais la personne lésée peut ignorer quel est le coupable ; elle peut être trop faible pour le punir ; ou bien elle peut, au contraire, dans le châtiment qu'elle lui inflige, se laisser emporter par la colère au delà des justes limites. Tous ces graves inconvénients sont évités si les individus s'en remettent à l'État — comme cela a lieu dans les sociétés civilisées — du soin de punir leurs offenses.

β. Le droit de punir a encore pour but d'empêcher de nouvelles fautes, le châtiment devant rendre au coupable la récidive difficile ou même impossible.

γ. Enfin, la punition peut encore avoir pour fin l'amélioration du coupable lui-même. Le châtiment doit, quand cela est possible, être combiné de façon à relever la moralité du condamné.

Telles étant les raisons pour lesquelles la société peut frapper les coupables, quand pourra-t-on dire qu'un individu est coupable? Il faudra, pour cela, le concours de deux conditions : il faudra, d'abord, qu'il y ait un élément matériel du délit, que l'acte commis ait causé préjudice à quelqu'un (aussi la loi ne punit-elle pas les simples intentions criminelles, qui n'ont pas été suivies d'un commencement d'exécution); il faudra, ensuite, qu'il y ait un élément moral du délit, il faudra que l'auteur de l'acte soit responsable. Cette responsabilité suppose qu'il a connu la gravité de l'acte qu'il allait accomplir, et qu'il l'a accompli volontairement : elle suppose, en un mot, l'intelligence et la liberté. Aussi les fous, qui n'ont pas eu l'intelligence de leurs actes, et les hypnotisés, qui ne les ont pas accomplis librement, doivent-ils être acquittés. Pour certains auteurs cependant (Spinoza, etc.), la liberté de l'acte ne serait pas un élément nécessaire de la responsabilité pénale : il suffirait que le fait eût nui à la société pour que son auteur pût être puni. Mais, s'il en était ainsi, la punition, quoique peut-être elle restât utile à la société, à coup sûr ne serait plus équitable : car il n'est juste de frapper un être que pour les fautes qu'il a volontairement commises.

Le second devoir de l'individu envers l'État est de respecter le gouvernement établi. Rationnellement, le pouvoir, l'autorité sociale appartiennent à tous les membres de l'État. Mais, dans des sociétés aussi nombreuses que le sont les sociétés modernes, tous les individus ne peuvent pas exercer directement le pouvoir : tous ne peuvent pas voter les lois, prendre des décisions, etc.... Il faut donc que les citoyens se déchargent de ces fonctions sur les mandataires choisis par eux. Les mandataires seront responsables devant leurs électeurs de la façon dont ils auront géré les intérêts publics. Mais les citoyens, d'autre part, doivent se soumettre aux décisions prises dans l'intérêt général par leurs mandataires en exercice, et accepter le gouvernement établi par eux, car ce gouvernement a été indirectement établi par la nation elle-même.

Ce n'est pas tout ; non seulement les citoyens doivent respecter les lois et l'État, mais ils doivent aimer la patrie. Ils doivent accepter de bon cœur les charges que l'État impose : le payement de l'impôt, destiné à assurer le fonctionnement de l'administration publique; le service militaire, destiné à sauvegarder l'intégrité de la patrie. Ils doivent s'intéresser à la bonne gestion des affaires publiques, et pour cela voter, dans les élections de leurs mandataires, pour ceux qu'ils jugent les plus dignes d'être à la tête de l'État. Tous doivent encore, d'une façon générale, contribuer par tous les moyens possibles à la grandeur de la patrie, à sa prospérité matérielle et morale, à l'union de tous ses membres, à sa bonne réputation dans le monde; tous doivent vouloir la rendre forte et glorieuse.

2° *Devoirs de l'État envers l'individu.*

L'État doit garantir notre liberté et notre sûreté personnelles, et la libre possession de nos biens.

Il doit en outre travailler à assurer notre bien, en accroissant notre prospérité matérielle, en répandant parmi nous la connaissance des vérités scientifiques, en favorisant les progrès de la moralité. Il doit tendre à unir tous ses membres les uns aux autres : non seulement en supprimant entre eux toutes les causes de haine qui tiennent à l'injustice et à l'inégalité, mais en développant parmi eux les liens

d'une fraternité véritable. Il doit chercher à faire
que les hommes acceptent d'une façon sans cesse
plus éclairée et plus libre le lien social : il doit,
comme ressort de la paix sociale, substituer tous les
jours davantage l'utilité réfléchie à la contrainte bru-
tale, et l'affection morale à l'utilité matérielle. Le
but immédiat de l'État, en un mot, est de faire régner la justice parmi les hommes. Mais son but
lointain est d'y faire régner l'amour.

CHAPITRE XIX

SANCTION DE LA MORALE

Nous avons étudié la loi morale et les divers devoirs qui en découlent. Nous savons que cette loi, l'homme est libre de la suivre ou de la violer. Mais, s'il la viole, il y a des peines; s'il la suit, il y a des récompenses attachées à son action. Quelles sont ces peines et ces récompenses? quelles sont, en un mot, les sanctions de la loi morale?

1° Tout d'abord, il y a la *sanction intérieure*, le témoignage de la conscience. Celui qui aura bien agi aura une conscience calme; celui qui aura mal agi aura une conscience bourrelée de remords. Par là même le premier sera heureux, et le second malheureux. Et c'est précisément ce qui nous montre que faire son devoir est le vrai moyen de faire son bonheur. On veut parfois opposer le devoir au bonheur, le bien moral à l'utilité; mais c'est la plus grossière des erreurs. Car il nous est souverainement utile et il nous est absolument indispensable d'être en paix avec nous-même, c'est-à-dire de n'avoir rien à nous reprocher, d'avoir une conscience calme. Or c'est ce que nous ne pouvons obtenir qu'en accomplissant notre devoir. Faire notre devoir est donc notre suprême utilité. Et il est vrai de dire, ne fût-ce que du point de vue de la conscience, que l'homme de bien est toujours heureux, et le méchant toujours inquiet et malheureux.

2° Mais il y a en outre la *sanction extérieure*. La loi et l'opinion publique frappent le méchant. L'opinion, au contraire, et parfois la loi, récompensent l'homme de bien. Nouvelle raison pour dire que le premier est malheureux, et que le second seul peut posséder un stable bonheur.

3° Enfin, une dernière et plus haute récompense est encore réservée à l'homme de bien. Car il existe une troisième sanction, qu'on pourrait appeler la *sanction éternelle*. La loi morale a un auteur, qui est Dieu : car toute loi suppose un législateur, et le législateur doit être supérieur aux êtres qui reçoivent la loi[1]. Cet auteur de la loi morale en est en

1. A cette preuve de l'existence de Dieu, dite « preuve morale » ou « preuve par le devoir », on en ajoute une autre, la « preuve métaphysique » ou « preuve par les causes finales », qu'on formule ainsi : « il y a dans le monde de l'ordre et de l'harmonie

même temps le gardien : il récompense ceux qui l'observent, il frappe ceux qui l'enfreignent. Si parfois il laisse en ce monde souffrir le juste et triompher le méchant, il faut penser du moins que dans une autre existence — réservée à l'âme après la mort du corps — il donnera à chacun le sort qu'il a mérité par sa conduite terrestre. — Et ce n'est pas seulement dans un autre monde, c'est aussi dans notre monde lui-même, que l'équilibre sera rétabli. Du méchant, après sa mort, il ne reste rien dans le monde; rien, si ce n'est parfois le souvenir abhorré de ses crimes : ce qui peut lui arriver de meilleur, c'est que son œuvre périsse avec lui. Mais de l'homme de bien, au contraire, il reste une œuvre, une œuvre immortelle. Ce qu'il a ajouté à la perfection de l'univers ne saurait pas disparaître; car tout ce qui est bon a en soi une force qui fait que, une fois produit, il subsiste indéfiniment par

cet ordre et cette harmonie supposent un auteur intelligent et sage; cet auteur ne peut être qu'un être infini; qui est Dieu ». Telles sont les deux principales preuves par lesquelles on démontre l'existence d'un Dieu éternel, infini, sage, libre et bon, créateur et conservateur du monde. C'est le développement de ces preuves qui constitue la *religion naturelle*, laquelle se distingue de la *religion révélée* en ce que la première est fondée uniquement sur la raison, tandis que la seconde s'appuie sur la foi.

lui-même. Les actes de l'homme vertueux continueront à porter effet après sa mort. Ses pensées
continueront à vivre, et elles iront animer, dans les
générations suivantes, d'autres gens de bien; elles
réveilleront les bonnes volontés de ceux-ci, elles
soutiendront leurs forces dans la lutte pour la perfection, elles feront bénéficier les âges nouveaux de
l'œuvre des âges anciens. Et ainsi l'homme vertueux se survivra à lui-même, dans ce monde comme
dans l'autre. Travailler pour le bien, c'est travailler
pour l'éternité.

PROGRAMME OFFICIEL

------

*(Les n°ˢ renvoient aux pages de ce livre
où les questions sont traitées.)*

I. ÉLÉMENTS DE PHILOSOPHIE SCIENTIFIQUE

La science (pages 1, 2; 9, 10, 11);
les sciences (p. 2; 12-17).
classification et hiérarchie des sciences (p. 12-17).
Les sciences mathématiques : leur objet (p. 18-21);
leurs principales divisions (p. 18-19). Leur méthode

(p. 34-41) : définitions (p. 38), axiomes (p. 38, 39), démonstrations (p. 40, 41).

Les sciences de la nature [le programme entend par là à la fois les sciences physiques et les sciences naturelles] : leur objet (p. 22-27) ;

leurs principales divisions (p. 22, 24-25) ;

leurs méthodes (p. 42-51) ;

l'expérience (p. 9-10 ; 31-22) ;

les méthodes d'observation et d'expérimentation (p. 31-32 ; 42-45 ; 48-49) ;

la classification (p. 32, 45, 49) ;

l'hypothèse (p. 55 ; 4-45 ; 50) ;

l'induction (p. 52, 45, 50) ;

rôle de la déduction dans les sciences de la nature (p. 45 ; 45-47 ; 51).

Les sciences morales : leur objet (p. 28) ; leurs caractères propres (p. 65-65) ; leurs principales divisions (p. 29). Leur méthode : l'induction et la déduction dans les sciences morales (p. 54). Rôle de l'histoire dans les sciences morales ; la critique historique (p. 52-53).

Exposé sommaire des principales hypothèses générales dans les différents ordres de sciences (p. 44-45 ; 58-71).

———

II. ÉLÉMENTS DE PHILOSOPHIE MORALE

Les faits de l'ordre moral, leurs caractères propres : la liberté, la responsabilité (p. 77). La personnalité morale (p. 78).

Les fins de la vie humaine : le bonheur (p. 75 : 103-104); l'utilité (p. 75) ; le devoir (p. 76). Platon (p. 76, 82); les Stoïciens (p. 76, 80, 83); Kant (p. 76, 80).

L'individu: Devoirs envers la personne morale (p. 80-84). La dignité humaine (p. 79).

La famille : Sa constitution morale; esprit de famille ; l'autorité dans la famille (p. 91-94).

La société : Le droit et les droits (p. 84). Respect de la personne dans les autres hommes (p. 87). L'esclavage ; le servage; les abus de pouvoir (p. 88).

Respect de la personne dans ses croyances et dans ses opinions; liberté religieuse et philosophique; tolérance (p. 88-89).

Respect de la personne dans ses biens ; principe de la propriété (p. 89).

La justice et la charité (p.87-90). Formes diverses de la charité ; le dévouement (p. 89).

La patrie; la nation, ce qui la constitue (p. 95). La puissance publique ; l'État et les lois; fondement

de l'autorité publique; droits et devoirs des gou-
vernants (p. 95-102).

Sanction de la morale (p. 102-106). Dieu (p. 104).
La religion naturelle (p. 105).

TABLE DES MATIÈRES

INTRODUCTION

PREMIÈRE PARTIE

PHILOSOPHIE SCIENTIFIQUE

PREMIÈRE SECTION.

OBJET DES SCIENCES.

SECONDE SECTION.

MÉTHODE DES SCIENCES.

TROISIÈME SECTION.

CONCLUSIONS DES SCIENCES.

SECONDE PARTIE

PHILOSOPHIE MORALE

22917. — PARIS, IMPRIMERIE LAHURE
9, rue de Fleurus, 9

EXTRAIT DU CATALOGUE

DE LA LIBRAIRIE HACHETTE ET Cie

79, BOULEVARD SAINT-GERMAIN, PARIS

PHILOSOPHIE, DROIT, ÉCONOMIE POLITIQUE

Adam (Ch.), chargé du cours de philosophie à la Faculté des lettres de Dijon : *Études sur les principaux philosophes*, renfermant les matières indiquées dans le programmes de 1890, pour la classe de Philosophie et les candidats au baccalauréat ès lettres (2ᵉ partie). 1 volume in-16, broché. 4 fr.

Aristote : *Morale à Nicomaque*, livre VIII, traduction française de Fr. Thurot, publiée et annotée par M. Ch. Thurot, Petit in-16, br., 75 c.

—— *Morale à Nicomaque*, livre X, traduction française de Fr. Thurot, publiée et annotée par M. Hannequin, professeur à la Faculté des lettres de Lyon. 1 vol. petit in-1ᵉ, broché, 75 c.

—— *Histoire des animaux*, traduite en français et accompagnée de notes perpétuelles par M. Barthélemy Saint-Hilaire, membre de l'Institut. 3 vol. grand in-8, brochés, 30 fr.

—— *Traité de la génération chez les animaux*, traduit et annoté par M. Barthélemy Saint-Hilaire. 2 vol. grand in-8, brochés, 20 fr.

Bacon : *Novum organum*. Traduction française publiée avec une introduction et des notes par M. Lorquet. 1 vol. in-16 broché, 1 fr.

Bersot : *Un Moraliste*, études et pensées. 1 vol. in-16 broché, 3 fr. 50

Bossuet : *De la connaissance de Dieu et de soi-même ; métaphysique, ou traité des causes*. Édition publiée avec une introduction et des notes par M. de Lens, ancien inspecteur d'Académie. Petit in-16, cartonné, 1 fr. 60

Bouillier, membre de l'Institut : *Du plaisir et de la douleur ; 2ᵉ édition*. In-16, 3 fr. 50

—— *La vraie conscience*. 1 vol. in-16, 3 fr. 50

—— *Études familières de psychologie et de morale*. 1 volume in-16, broché, 3 fr. 50

Caro, de l'Académie française : *L'idée de Dieu et ses nouveaux critiques ; 7ᵉ édition*. 1 vol. in-16, broché, 3 fr. 50
Ouvrage couronné par l'Académie française.

—— *La philosophie de Gœthe ; 2ᵉ édition*. 1 vol. in-16, broché, 3 fr. 50
Ouvrage couronné par l'Académie française.

—— *Le matérialisme et la science ; 4ᵉ édition*. 1 volume in-16, broché. 3 fr. 50

—— *Études morales sur le temps présent ; 5ᵉ édition*. 1 volume in-16, broché, 3 fr. 50

—— *Nouvelles études morales sur le temps présent ; 2ᵉ édition*. 1 vol. in-16, broché, 3 fr. 50

—— *Le pessimisme au XIXᵉ siècle : Leopardi — Schopenhauer — Hartmann ; 2ᵉ édition*. 1 vol. in-16, broché, 3 fr. 50

—— *Problèmes de morale sociale*. 1 volume in-16, broché, 3 fr. 50

—— *Philosophie et philosophes*. 1 volume in-16, broché, 3 fr. 50

Carrau, ancien maître de conférences à la Faculté des lettres de Paris : *Étude sur la théorie de l'évolution aux points de vue psychologique, religieux et moral*. 1 volume in-16, broché, 3 fr. 50

Chaignot, recteur honoraire de l'Académie de Poitiers : *Histoire de la psychologie des Grecs* :
   Tome I. *La psychologie des Grecs avant Aristote.* 1 vol. in-8 broché, 7 fr. 50
   Tome II : *La psychologie des Stoïciens, des Épicuriens, et des Sceptiques.* 1 vol. in-8 broché, 7 fr. 50
   Tome III : *La psychologie de la nouvelle Académie et des écols éclectiques.* 1 vol. in-8 broché, 7 fr. 50

Cicéron : *De la nature des Dieux*, livre II, traduction française de J.-V. Le Clerc, sans le texte latin. 1 vol. petit in-16, broché, 1 fr.
—— *De la République*, traduction française de J.-V. Le Clerc, sans le texte latin. 1 vol. petit in-16, broché, 1 fr. 50
—— *Des biens et des maux*, livres I et II, traduction française, par M. Émile Charles, sans le texte latin, 1 vol. petit, in-16 br., 1 fr. 50
—— *Des devoirs*, traduction française de M. Sommer, sans le texte latin. 1 vol. petit in-16, broché, 1 fr. 50
—— *Des lois*, livre I, traduction de Ch. de Rémusat, sans le texte, avec une introduction par M. Lucien Lévy. 1 vol. petit in-16, 75 c
—— *Les Tusculanes*, traduction française d'Olivet et Bouhier, revue par J.-V. Le Clerc, sans le texte latin. 1 vol. petit in-16, br., 2 fr

Condillac : *Traité des sensations*, livre Iᵉʳ, publié avec une introduction, un extrait raisonné du *Traité des sensations*, et annoté par M. Charpentier, professeur de philosophie au lycée Louis-le-Grand. 1 vol. petit in-16, cartonné, 1 fr. 50

Descartes : *Discours de la Méthode*, publié avec une introduction et des notes par M. Charpentier, professeur de philosophie au lycée Louis-le-Grand. 1 vol. petit in-16, cartonné, 1 fr. 50
—— *Discours de la méthode.* Édition classique, publiée par M. Vapereau, agrégé de philosophie. 1 vol. petit in-16, cartonné, 90 c.
—— *Les principes de la philosophie*, première partie, publiée et annotée par M. Charpentier. 1 vol. petit in-16, cartonné, 1 fr 50

Épictète : *Manuel*, traduction française de Fr. Thurot, accompagnée d'une introduction et revue par M. Ch. Thurot, sans le texte grec. 1 vol. petit in-16, broché, 1 fr.

Fénelon : *Traité de l'existence de Dieu*, précédé d'un Essai sur Fénelon par M. Villemain, et publié avec des notes par M. Danton. 1 vol. in-16, broché, 1 fr. 60

Fouillée, maître de conférences à l'École normale supérieure : *La science sociale contemporaine :* 2ᵉ édit. 1 vol. in-16, broché, 3 fr. 50
—— *La philosophie de Platon.* 4 vol. in-16, brochés, 14 fr.

Franck (Ad.), membre de l'Institut : *Dictionnaire des sciences philosophiques ;* 3ᵉ édition. 1 vol. grand in-8, broché, 35 fr.
   La demi reliure en chagrin se paye en sus, 5 fr.
—— *Essais de critique philosophique.* 1 vol. in-16, broché, 3 fr. 50
—— *Nouveaux essais de critique philosophique.* 1 volume in-16, broché, 3 fr. 50

Garnier (Adolphe) : *Traité des facultés de l'âme ;* 4ᵉ édition. 3 vol. in-16, brochés, 10 fr. 50
   Ouvrage couronné par l'Académie française.

Jacques, Simon et **Saisset** : *Manuel de philosophie :* 9ᵉ édition. In-8, broché, 8 fr.

Joly (H.), professeur à la Faculté des lettres de Paris : *Psychologie comparée : l'homme et l'animal ;* 2ᵉ édit. 1 vol. in-16 br. 3 fr. 50
   Ouvrage couronné par l'Académie des sciences morales et politiques.
—— *Psychologie des grands hommes.* 1 vol. in-16, broché, 3 fr. 50
—— *L'imagination*, étude psychologique. 1 volume in-16, avec 4 eaux-fortes, broché, 2 fr. 25

Jouffroy : *Mélanges philosophiques* ; 6ᵉ édition, 1 volume in-16, broché, 3 fr. 50
—— *Nouveaux mélanges philosophiques* ; 4ᵉ édition, 1 volume in-16, broché, 3 fr. 50
—— *Cours d'esthétique* ; 4ᵉ édition. 1 vol. in-16, broché, 3 fr. 50

Jourdain (Ch.) : *Notions de philosophie*, comprenant des *notions d'économie politique* ; 18ᵉ édition, refondue conformément au derniers programmes. 1 vol. in-16, broché, 5 fr.
    Voir *Arnauld ; Nicole ; Pascal*

Kant : *Prolégomènes à toute métaphysique future qui pourra se présenter comme science.* Traduction nouvelle. 1 volume in-16, broché, 2 fr. 50

Leibniz : *Extraits de la Théodicée*, publiés et annotés par M. P. Janet, membre de l'Institut, professeur à la Faculté des lettres de Paris ; 3ᵉ édition. 1 vol. petit in-16, cartonné, 2 fr. 50
—— *La Monadologie*, publiée d'après les manuscrits de la Bibliothèque de Hanovre, avec introduction, notes et suppléments par M. H. Lachelier, maitre de conférences à la Faculté des lettres de Caen. Petit in-16, cartonné, 1 fr.
—— *Nouveaux essais sur l'entendement humain*, avant-propos et livre Iᵉʳ, publiés d'après les meilleurs manuscrits, avec une introduction, des notes et un appendice par M. H. Lachelier. 1 vol. petit in-16, cartonné, 1 fr. 75

Le Roy (Albert) : *Sujets et développement de compositions françaises* (dissertations philosophiques) données à la Sorbonne, depuis 1866 jusqu'en 1885, pour les examens du Baccalauréat ès lettres ; 5ᵉ édition. 1 vol. in-8, broché. 5 fr.

Malebranche : *De la recherche de la vérité*, livre II, publié et annoté par M. R. Thamin, maitre de conférences à la Faculté des lettres de Lyon. 1 vol. petit in-16, cart., 1 fr. 50

Nicole : *Œuvres phylosophiques et morales*, publiées avec une introduction et des notes, par M. Ch. Jourdain. 1 vol. in-16, br. 3 fr. 50

Papillon : *Histoire de la philosophie moderne* dans ses rapports avec le développement des sciences de la nature. Ouvrage posthume, publié par M. Ch. Lévêque, membre de l'Institut. 2 volumes in-8, brochés, 15 fr.

Pascal : *Opuscules* comprenant : De l'autorité en matière de philosophie et Entretien avec M. de Sacy ; fragments publiés avec des notes par M. Jourdain. 1 vol. in-16, cartonné, 75 c.
—— *Opuscules philosophiques* (De l'autorité en matière de philosophie. — Entretien de Pascal avec M. de Sacy. — De l'esprit géométrique), publiés avec une vie de Pascal et des notes par M. Adam, chargé du cours de philosophie à la Faculté des lettres de Dijon. 1 vol. petit in-16, cartonné, 1 fr.50

Platon : *Gorgias*, traduction française sans le texte, par Fr. Thurot. 1 vol. petit in-16, broché, 1 fr. 60
—— *Phédon*, traduction française par M. Fr. Thurot, avec le texte grec. 1 vol. in-16, 1 fr. 60
—— *République*, VIᵉ *livre*, traduction française sans le texte, accompagnée d'une introduction par M. Aubé, ancien professeur au lycée Condorcet. 1 vol. petit in-16 broché, 1 fr.
—— *République*, VIIᵉ *livre*, traduction française sans le texte par M. Aubé. 1 vol. petit in-16, broché, 1 fr. 50
—— *République*, VIIIᵉ *livre*, traduction française sans le texte, accompagnée d'une introduction par M. Aubé. 1 vol. petit in-16, br. 1 fr.

Pontsevrez, professeur d'enseignement moral et civique dans les Écoles primaires supérieures de la ville de Paris : *Éléments de morale.* 1 vol. in-16, cartonné,   3 fr.

—— *Cours de morale pratique,* à l'usage de l'enseignement secondaire spécial. 1 volume in-16, cartonné,   1 fr. 50

Rabier (E.), inspecteur d'Académie à Paris : *Leçons de philosophie.* Nouveau cours, contenant les matières indiquées par le programme de 1890, pour la classe de Philosophie. 3 vol. in-8, brochés :

    Tome I*er* : *Psychologie;* 2*e* édition 1 vol,   7 fr. 50
      Ouvrage couronné par l'Institut.
    Tome II : *Logique;* 2*e* édition. 1 vol.,   5 fr.
    Tome III : *Morale et Métaphysique.*   » »

Ravaisson (F.) *La philosophie en France au xix*e* siècle (1867);* suivie du Rapport sur le prix de Victor Cousin (Le scepticisme dans l'antiquité 1884) ; 2*e* édition. 1 vol. grand in-8, broché,   7 fr. 50

Sénèque : *Choix de lettres morales à Lucilius,* traduction française de M. J. Baillard, avec le texte en regard et des notes. 1 vol. in-16, broché,   1 fr. 75

—— *Lettres morales à Lucilius,* I à XVI, traduction française de M. Baillard, sans le texte. 1 vol. in-16, broché,   1 fr.

—— *De la vie heureuse,* traduction française de M. Baillard, sans le texte, avec une introduction par M. Delaunay, professeur à la Faculté des lettres de Rennes. 1 vol. petit in-16, broché,   75 c.

Simon (Jules), de l'Académie française : *La religion naturelle;* 8*e* édition. In-16 . . . . 5 fr. 50

—— *Le devoir;* 11*e* édition. 1 vol. in-16,   3 fr. 50
    Ouvrage couronné par l'Académie française.

Spinoza : *Œuvres complètes,* traduites et annotées par J. G. Prat. 5 vol. in-16, brochés.

    En vente, les tomes I et II. Chaque volume, 4 fr.

—— *Éthique,* traduite et annotée par J. G. Prat. 2 vol. grand in-8, brochés :

      1*re* partie : de *Dieu.* 1 vol.   4 fr. »
      2*e* partie : de *l'âme.* 1 vol.   5 fr »

Taine (H.), de l'Académie française : *Les philosophes classiques du xix*e* siècle en France;* 6*e* édition. 1 vol, in-16, broché,   5 fr. 50

—— *De l'intelligence;* 5*e* édition. 2 volumes in-16, brochés,   7 fr. »

Tridon-Péronneau, agrégé des classes supérieures : *Recueils de dissertations philosophiques,* à l'usage des candidats au baccalauréat ès lettres. 2*e* édit., revue et augmentée. 1 vol. in-16, br.   4 fr.

Vacherot (E.), membre de l'Institut : *Le nouveau spiritualisme.* 1 vol. in-8, broché,   7 fr. 50

Xénophon : *Entretiens mémorables de Socrate,* traduction française de M. Sommer, sans le texte grec. 1 vol. petit in-16, cart.   1 fr. 75

Zeller (E.) : *La philosophie des Grecs,* traduite de l'allemand, avec l'autorisation de l'auteur, par M. Émile Boutroux, maître de conférences à l'École normale supérieure, et par ses collaborateurs :

    Tomes I et II. *La philosophie des Grecs avant Socrate,* par M. E. Boutroux, 2 vol. in-8, brochés.   20 fr
    Tome III. *Socrate et les Socratiques,* par M. Belot, 1 vol. in-8, br.   10 fr

22917. — Imprimerie A. Lahure, rue de Fleurus, 9, à Paris.